2025

TOPPAN
ホールディングスの
就活ハンドブック

就職活動研究会 編
JOB HUNTING BOOK

は じ め に

　2021年春の採用から，1953年以来続いてきた，経団連（日本経済団体連合会）の加盟企業を中心にした「就活に関するさまざまな規定事項」の規定が，事実上廃止されました。それまで卒業・修了年度に入る直前の3月以降になり，面接などの選考は6月であったものが，学生と企業の双方が活動を本格化させる時期が大幅にはやまることになりました。この動きは2022年春そして2023年春へと続いております。

　また新型コロナウイルス感染者の増加を受け，新卒採用の活動に対してオンラインによる説明会や選考を導入した企業が急速に増加しました。採用環境が大きく変化したことにより，どのような場面でも対応できる柔軟性，また非接触による仕事の増加により，傾聴力というものが新たに求められるようになりました。

　『会社別就職ハンドブックシリーズ』は，いわゆる「就活生向け人気企業ランキング」を中心に，当社が独自にセレクトした上場している一流・優良企業の就活対策本です。面接で聞かれた質問にはじまり，業界の最新情報，さらには上場企業の株主向け公開情報である有価証券報告書の分析など，企業の多角的な判断・研究材料をふんだんに盛り込みました。加えて，地方の優良といわれている企業もラインナップしています。

　思い込みや憧れだけをもってやみくもに受けるのではなく，必要な情報を収集し，冷静に対象企業を分析し，エントリーシート作成やそれに続く面接試験に臨んでいただければと思います。本書が，その一助となれば幸いです。

　この本を手に取られた方が，志望企業の内定を得て，輝かしい社会人生活のスタートを切っていただけるよう，心より祈念いたします。

就職活動研究会

Contents

第1章

TOPPANホールディングスの会社概況

会社によって選考方法は千差万別。面接で問われる内容や採用スケジュールもバラバラだ。採用試験ひとつとってみても，その会社の社風が表れていると言っていいだろう。ここでは募集要項や面接内容について過去の事例を収録している。

また，志望する会社を数字の面からも多角的に研究することを心がけたい。

✔ 企業理念

■私たちは

企業理念は，当社に働く「私たち」一人ひとりに共通する価値観であるという姿勢を示しています。当社が大切にしてきた，人間尊重の考えをここに表しています。

■常にお客さまの信頼にこたえ

日々の業務を行っていくうえで，お客さまの満足や喜びを第一に考え，お客さまとの強い信頼関係を築いていきます。「顧客第一主義」として，これまで大切にしてきたこの考えは，今後もすべての事業活動の基盤としていきます。そして私たちの「お客さま」として，企業だけでなく広く生活者の皆さまとも，信頼関係を築いていきます。

■彩りの知と技をもとに

「印刷」の持つ再現性や創造性，精緻さを「彩り」と表しています。それを引き出す企画力やマーケティング力を「知」，技術力を「技」とし，この二つの強みを組み合わせることでお客さまのさまざまな思いを実現していきます。

■こころをこめた作品を創りだし

私たちがお客さまにおくりだすものはすべてすぐれた品質の「作品」です。「作品」とは，一人ひとりが，責任と情熱と工夫をもって創りあげる製品やサービスであり，私たちの培ったノウハウや知力をそそぎ込んだソフトです。私たちは，これからも「こころをこめた作品」を創り続けていきます。

■情報・文化の担い手として

私たちは印刷を通して情報・文化の発展に多大なる貢献をしてきたという自負があります。これからも時代の変化を先取りしたさまざまな技術を展開し，誇りと気概をもってこの役割を果たしていきます。

■ふれあい豊かなくらしに貢献します

私たちは，人と人，人と企業，企業と企業をつなぎ，コミュニケーションを活性化していきます。それにより，こころ豊かで満ち足りたくらしの実現に積極的に貢献していきます。

✔ 会社データ

所在地	（本店） 〒110-8560 東京都台東区台東1丁目5番1号 TEL:03（3835）5111（大代表） （本社事務所） 〒112-8531 東京都文京区水道1-3-3 TEL：03（3835）-5111
創業	明治33年（1900年）
代表者	代表取締役社長　齊藤 昌典
資本金	500百万円
事業内容	情報系/生活系/エレクトロニクス系事業

✔ 事業内容

情報コミュニケーション

円滑なコミュニケーションを求めるお客さまに対し、「情報の価値を高める」「情報を効果的に届ける」ソリューションを提供する事業分野です。

セキュア

最先端のセキュリティ技術で、IT時代の情報管理を総合支援します。証券類、商品券、キャッシュカード、クレジットカード、ICカード、ICタグ、ビジネスフォーム、セキュリティ管理システム、BPOビジネス 等

マーケティング

マーケティングコミュニケーション活動のビジネスパートナーとして、トータルソリューションを提供します。 パンフレット、チラシ、ポスター、POP、キャンペーン、WEB、映像コンテンツ、イベント、スペースデザイン 等

コンテンツ

出版文化および出版ビジネスのさらなる発展に貢献します。 雑誌、単行本、美術書、辞書や事典などの書籍、教科書、電子出版 等

生活・産業

パッケージ

ライフスタイルに適合したパッケージを提供。研究開発からデザインまでトータルに提案します。 紙器、包装紙、ラベル、フィルム包装材、液体用紙器、プラスチック容器、段ボール、包装関連システム機器、充填事業 等

建装材

「美しさ」や「肌触り」にこだわった高意匠・高機能の建装材を提供し、安全・安心で、快適な生活空間をプロデュースします。 化粧シート、壁紙、木工製品、建築・家具部材などの建装材、転写材、加工シート 等

高機能・エネルギー関連

印刷・コーティング技術を応用し、環境エネルギーやエレクトロニクス分野を中心に高機能・高品質な製品をグローバルに提供します。 透明ハイバリアフィルム、電子機器用プラスチック成形品、情報記録材、二次電池用関連部材 等

エレクトロニクス

「印刷テクノロジー」をベースにディスプレイ関連製品、半導体関連製品を取り扱う事業分野です。

ディスプレイ関連

先進の技術と生産力で、高品質なディスプレイ関連製品を提供します。 カラーフィルタ、反射防止フィルム、タッチパネルモジュール、LCD 用大型フォトマスク、有機 EL 用メタルマスク 等

半導体関連

高度な技術力でエレクトロニクス産業をトータルにサポートします。 半導体用フォトマスク、LSI 設計／ターンキーサービス、CCD/CMOS イメージセンサ向けオンチップカラーフィルター、リードフレーム、FC-BGA サブストレート、金属エッチング部材 等

✔ 先輩社員の声

5年先，10年先を見越す，省庁担当営業

【営業／2013年入社】

求められるのは，「日本の未来」を読む力

担当している観光庁やJNTOは，日本の観光産業を振興することを目的に様々な施策を行っています。彼らは大きな方針を決める機関で，決まったことを人々に説明・運用していく役割は全国の自治体が担います。パンフレットやチラシが必要になるのは主に自治体のパートで，中央省庁が印刷物をつくることはそう多くありません。

では私たちが何をお手伝いしているかというと，これからの方針を考えるための意識調査や海外調査などのリサーチ業務や，新しい政策の全国的知名度を高めるためのプロモーションの企画・制作など，かたちのないものが中心です。私たちはもちろん，クライアントにとっても，今までやったことのないことがほとんどですから，何が求められているのか，明確な手掛かりはそう多くありません。

そこで求められるのが，5年先，10年先といった，長期的な視点だと思っています。クライアント自身が，日本の未来を考える方たちなので，視点のスパンを合わせることですね。ただ，彼らが未来をどう考えているのかは，国家戦略ともいえる情報なのでストレートにうかがえることは多くありません。すべてが決定し，世の中に発表されている内容であれば共有いただけるのですが，未確定事項や未発表事項は当然明かしていただけません。担当者様や組織の考えを読み取るために，日々のコミュニケーションはもちろん，過去のニュースリリースに目を通したり，政策検討会を傍聴したり，社内の別省庁の担当営業と情報交換したりと，いろんな角度から知識と感度を高めるようにしています。

トラブルに向き合う底力

新しいチャレンジにはトラブルがつきものです。私自身もそうですが，周囲を見渡しても，新しいチャレンジに前向きな社員が多いからか，大小さまざまな問題が日々勃発しています。だからなのか，ピンチに向き合う底力が備わった人が多いように思います。想定外の事態が起こっても，戸惑うそぶりもなく，解決法を考えることに集中する上司や先輩は頼もしいし，かっこいいなと思いますね。

特定のモノを売り続けるビジネスであれば，そんなトラブルも少ないのかもしれません。ただ，その分モノ自体のバリューに依存する部分が大きく，営業の工夫が介在する部分が小さいのかなと思います。もちろん，そこにも別のおもしろさややりがいがあるとは思うのですが，私自身は提案型の営業がしたかったので，前例のないことを実現するための苦労は，やりがいの一部だと捉えています。周囲も同じような考えの人が多く，残業した後に残ったメンバーでご飯や飲みに行くこともよくあります。自分に合う会社に入れたなと実感していますね。

職業選びの基準は人によってさまざまだと思いますが，素の自分を出して，それを評価してくれる会社に入るのが一番良いんじゃないかなと思います。内定が欲しくて取り繕っても，どこかでバレるものですし，仮に入社まで辿り着いても，その後も取り繕い続けなくてはいけませんから。OBOG訪問やセミナーなどでできるだけ多くの人に会って，自分に合う会社を見つけてください。皆さんの成功を祈っています。

商品開発の一端を担う
食品パッケージ営業

【営業／2009年入社】
受注したら終わりではなく、クライアントの売上を伸ばすことを本気で考える

入社以来、一貫して営業畑、食品業界畑を歩んできました。最初は内勤で、担当は印刷物の入稿管理。担当クライアントからの発注を取りまとめて、社内の制作・製造部隊に依頼し、進捗管理する業務です。その後、同じクライアントへの外勤営業として、新商品のパッケージや、それに付随する販促グッズなどの提案を行いました。今は担当クライアントが変わりましたが、同じくパッケージをメインに外勤営業をしています。

トッパンで営業をする醍醐味は、クライアントの課題にいろいろな角度から関われることです。新商品パッケージの営業の場合、最初の窓口になるのは先方の商品開発担当者ですが、研究部門の方や、販促部門の方、購買担当の方など、様々な方とお話ができます。

パッケージは商品のそのものの一部といっても過言ではないので、商品戦略の根本のところから関われていると言えます。また、商品が売れれば売れるほど、パッケージの発注もいただけるので、売上を伸ばすことに貢献しようという気持ちは、広告物やカタログなど、納品していくらという関わり方の会社よりも強いかもしれません。

クライアントも、社内も、モノつくりをする仲間

営業は、クライアントの最大の理解者であり、代弁者でもあります。ときに、トッパン社内の制作チームや製造チームの嫌がる要望を伝えなくてはいけないこともあります。パッケージの提案は、10回提案して1回採用いただけるかどうかというところ。採用されないことが多いとモチベーションも下がりがちですが、採用されない9回にも全力を尽くすからこそ、1回の採用があると伝え、手間暇を惜しまず提案準備してもらいます。また、製造段階では、タイトなスケジュールで「何とかできないか？」という相談を受けることも少なくありません。工場に負荷をかけることを承知で、お願いしないといけない瞬間もあります。

無茶のお願いを聞き入れてもらうために意識していることは、普段からコミュニケーションを取ることと、あくまでお願いしているのだという姿勢を忘れないこと。営業として、売上を立てているという自負があると、社内には横柄な態度になってしまいがちです。でも、そんな態度をとっても、結果誰も楽しくないんですよね。気持ちよく働いてもらったほうが、アウトプットもいいものになってクライアントの満足につながり、私自身の目的もより良い形で達成できます。

クライアントに対しても、社内に対しても、一緒にモノつくりをする仲間だと認識してもらうのが一番です。私自身、売上額も気にはしますが、それ以上に新しいことがしたいという意識のほうが強くあります。例えば、あるクライアントの主戦場である冷凍食品。スーパーの冷凍ケースを見ても、同じような形・サイズの袋ばかり並んでいます。形状や素材を工夫することで、売り場でインパクトを与えるような新提案ができるんじゃないかとワクワクしています。

女性が輝く未来を模索する、新規事業開発

【企画／2016年入社】

ミスコンテスト出場者が集まってできた「キャンパスラボ」

大学3年生のときに、通っていた大学のミスキャンパスコンテストに出場しました。そのときに、とある企業から、一緒にスイーツの開発をしませんかとお誘いいただいたのをきっかけに、「キャンパスラボ」という団体を立ち上げました。

ミスキャン出場者って、大学PRのために多くの人に注目してもらえるような情報発信の仕方を身に付けているし、女子大生だから若い女子の気持ちが分かります。企業からすると、魅力的な部分がいっぱいあるんです。

立ち上げたときは、そのプロジェクトかぎりのつもりだったんですが、ほかの企業からもお話をいただくことが続いて、団体としてしっかり活動していくために、リーダーが必要だねという話になって。私自身、前向きでエネルギーのあるミスキャンの子たちとの活動は楽しかったし、学生の身分で社会と関わっていけることは価値ある経験だと感じていたので、団体を続けたいなと思っていたんです。メンバーのなかでは年長者だったこともあって、リーダーに立候補して任せてもらいました。

トッパンとの出会いも、実はそんな活動のなかでのことでした。大学3年生の終わり頃に、「活動するための場所や、社会人のアドバイスも必要じゃない？」と声をかけていただいて、オフィスを間借りさせてもらいはじめて。就活の時期になって、トッパンを就職先として考えるようになりました。得体の知れない学生団体に場所や時間を貸す懐の深さや、仕事を前向きに楽しんでいる社員が多いことに魅力に感じ、自分のやりたいことを実現するための場としてトッパンを選び、採用試験を受けました。入社してからは、トッパンの新規事業開発としてキャンパスラボの事業化を任せてもらっています。

メンバー、一人ひとりがプロジェクトの当事者

「キャンパスラボ」では、主に女性向け商材のマーケティングのお手伝いをしているのですが、活動範囲は多岐にわたります。若年女性の意見が知りたいという調査もあれば、商品開発まで行ったり、プロモーションを企画したり……。場合によってはメンバー自身がイベントやメディアに出演して商品をPRすることもあります。女性向けと言いつつ、男性に耳を傾けてもらうために女性の言葉で伝えたいというケースも出てきました。今はまだ、自分たちに何ができるか、可能性を絞りすぎずに模索している段階です。

一番の強みは、依頼されたことをただそのままやるのではなく、課題解決のためには何をすればいいのかということをキャンパスラボメンバーが企画チームとして主体的に考えることです。ミスキャンたちをタレントのようにマネジメントするエージェント（代理店）ではなく、あくまでラボなので、メンバーにはプロジェクトにしっかり踏み込んでもらうことを大事にしています。女性を活用したマーケティングサービスはほかにもありますが、お客さんのパートナーとして当事者意識を持って参加することで、他にはない価値を生み出せると考えています。

例えば、調査ひとつとっても、女性を対象にした調査はいろいろありますが、選択式のアンケートや、さらっとしたインタビューから出てくる意見だけでは、本当に共感されるような気付きまでは得られません。キャンパスラボでは、ターゲットと近い感性を持つ人を集めて直接議論を交わし、本音を深掘りすることができます。

営業・事務系

概要	営業部門または事務管理部門への配属 ■営業部門 TOPPANの営業は「企画提案型」。自社製品を売り込むような一般的なメーカーの営業とは異なり、クライアントが抱える課題を分析してニーズをつかみ、様々な部門と協力しながら総合的なソリューションを提案します。 ■事務管理部門（事業戦略、総務、法務、財務など） 企業活動がスムーズに行われるように、専門知識や能力を生かして他部門のサポートをするほか、経営判断に必要な情報提供や施策提案を行います。 ※法務、財務については「専門コース」として、職種別採用を行います。
応募資格	・2024年3月末までに四年制大学または大学院を卒業・修了予定の方 ・既に卒業・修了された方で新規卒業予定者と同等の枠組での採用を希望される方（経歴の有無は問いません）
対象学部 学科等	全学部・全学科（文理不問）

企画系

概要	企画部門への配属 主な業務内容は下記の通り、クライアントの課題を受けて、ICT・マーケティング・クリエイティブ等に関する専門知識・ノウハウを学び、それを活かしながら、様々な領域での企画立案を行います。 <企画部門の主な職域・機能> ① データやデジタルテクノロジーを活用して、企業のマーケティング戦略から実行までを支援 ② コンテンツ企画やプロモーション企画を通して、企業の販売促進活動を支援 ③ IT開発や運用サービスを通じ、企業のビジネスプロセスを設計し、効率化・最適化 ④ 自らサービスを企画開発してSDGsや教育など社会／環境課題の解決に貢献 ⑤ クリエイティブやCG・VRなどの情報加工や表現技術を通して、企業の顧客体験づくりを支援 ⑥ 市場や消費者行動分析などを通じて、商品プロダクツや購買体験の場を企画開発 ⑦ 生活空間を快適に彩るプロダクツ開発や空間演出のトータルプロデュース ⑧ 自治体行政業務のデジタル化などを通じて、地域社会の課題解決に貢献 ⑨ AI・IoT・ブロックチェーン・5G等、最先端のデジタル技術を活用した新商材や新サービス開発 ⑩ デジタル技術と再現手法による文化財資料・産業資産のアーカイブ化とコンテンツ活用
応募資格	・2024年3月末までに四年制大学または大学院を卒業・修了予定の方 ・既に卒業・修了された方で新規卒業予定者と同等の枠組での採用を希望される方（経歴の有無は問いません）
対象学部 学科等	全学部・全学科（文理不問） 特に、IT系、マーケティング系、美術・デザイン系の学部・学科

技術系

概要	技術部門への配属 （研究開発、商品開発、生産技術、システムアプリ開発ほか） 幅広い技術領域を生かし、「印刷」にとどまらない多種多様な「ものつくり」「ことつくり」を支えます。基盤技術の研究、新商品・システムの開発、生産工程におけるコストダウン・プロセスの構築・品質保証の推進など、様々な技術力の掛け合わせと協力によって仕事を進めていきます。 材料系、機械・電気系、情報系など、あらゆる専攻分野がその専門性を発揮できるフィールドがあります。
応募資格	・2024年3月末までに四年制大学または大学院を卒業・修了予定の方 ・既に卒業・修了された方で新規卒業予定者と同等の枠組での採用を希望される方（経歴の有無は問いません）
対象学部 学科等	理系（専攻分野不問） 機械、電気・電子・通信、化学・材料、バイオ、情報・画像、物理・数理、環境　ほか

共通事項

給与	2023年4月初任給実績 <学士卒> 月給233,000円 <修士了> 月給251,500円 ※東京勤務の場合 ※都市手当10,500円含む
諸手当	都市手当、家族手当、超過勤務手当、研究員手当、役付手当 他
賃金改定	年1回（4月）
賞与	年2回（6月，12月）
勤務地	東京、大阪、他全国各事業所
勤務時間	標準勤務時間 9:00〜18:00
休日休暇	完全週休2日制（土・日）、国民の祝日・休日、創立記念日（6月4日）、夏季休暇、年末年始休暇ほか（年間休日127日 ※2023年度）
年次有給休暇	初年度10日、勤続1年以上12日、2年以上14日、3年以上16日、4年以上18日、5年以上20日（半日休暇制度あり）
福利厚生	財形貯蓄制度、財形融資制度、育児休業制度、介護休業・介護勤務短縮制度、社会保険（健康保険、厚生年金保険、労災保険、雇用保険、ほかに労災付加給付制度）、持株制度（補助金制度による従業員持株制度）、厚生施設（独身寮、保養所、診療所）など
教育制度	ファーストキャリアプラン（入社前から入社3年目までの体系的育成制度）、TOPPANビジネススクール（自己啓発のため選択研修）、海外トレーニー制度、選抜型研修、部門別個別研修など

✔ 採用の流れ （出典：東洋経済新報社『就職四季報』）

エントリーの時期	【総・技】3月〜継続中
採用プロセス	【総】ES提出（3月〜）→適性検査→面接（2〜3回，3月〜）→内々定（5〜8月上旬） 【技】ES提出（3月〜）→適性検査→面接（2回，3月〜）→内々定（5〜8月上旬）
採用実績数	（下表参照）
採用実績校	（下記参照）

採用実績数

	大卒男	大卒女	修士男	修士女
2022年	117 （文：81 理：36）	133 （文：100 理：33）	101 （文：2 理：99）	40 （文：2 理：38）
2023年	120 （文：80 理：40）	120 （文：115 理：5）	120 （文：10 理：110）	60 （文：2 理：58）
2024年	147 （文：93 理：54）	150 （文：123 理：27）	134 （文：3 理：131）	54 （文：4 理：50）

採用実績校

【文系】
早稲田大学，明治大学，上智大学，法政大学，同志社大学，中央大学，青山学院大学，慶應義塾大学，関西大学，関西学院大学，立命館大学，学習院大学　他

【理系】
東京電機大学，東京都市大学，日本大学，東海大学，工学院大学，東京理科大学，千葉工業大学，法政大学，関西大学，山形大学，千葉大学，東京工科大学　他

✔2023年の重要ニュース <small>（出典：日本経済新聞）</small>

■凸版印刷、社名を「TOPPANホールディングス」に（3/9）

　凸版印刷は9日、10月1日付で社名を「TOPPANホールディングス」にすると発表した。1900年の創業以来、初めて祖業の「印刷」を社名から外す。デジタルトランスフォーメーション（DX）など成長分野を広げる姿勢を打ち出す。

　同社は10月に持ち株会社に移行する。DX関連事業と紙の印刷や包装材などの事業は、4月27日付で吸収分割契約を結び、分割準備会社として設置した「TOPPANデジタル」と「TOPPAN」にそれぞれ引き継ぐ。

　セキュリティーなどの事業は子会社のトッパン・フォームズに移管・統合し、4月1日付で「TOPPANエッジ」とする。

　凸版は「事業ポートフォリオ変革を推進していく意思を込めて、既存の事業領域を規定する『印刷』を含めない商号とした」とコメントした。

■TOPPANと富士通、医療ビッグデータで協業　創薬を支援（10/18）

　TOPPANホールディングス（旧凸版印刷）と富士通は18日、医療ビッグデータ事業で業務提携したと発表した。電子カルテデータから投薬の効果などを分析し、創薬の支援につなげる。両社が持つ医療関連サービスを掛け合わせることで、より多くのデータを扱えるようになる。

　TOPPANは、医療機関から集めた患者のデータを匿名化して、分析するサービスを手がけている。健康診断の結果や医療のレセプト（診療報酬明細書）などに強みを持つ。富士通は、電子カルテのシステムでトップシェアを持つ。電子カルテデータの中でも、医師による手入力が必要な看護記録や手術記録などを主に取り扱う。

■TOPPAN、北海道大学病院と医療DXアプリ　24年実用化（11/20）

　TOPPANホールディングスは2024年4月から、北海道大学病院と共同開発した医療現場でデジタルトランスフォーメーション（DX）を進めるアプリを実用化する。事前に登録した医師の音声と動画データからアプリ上でアバターを作成し、患者に治療法などを説明する動画を生成する。

　症状や治療内容に応じた文章を入力すると、医師のアバターが説明文を読み上げる動画ができあがる。医師が直接話さなくても、患者や家族への説明をアプ

リ上でできる。24年4月から勤務医の残業規制が始まる予定で、アプリを使えば医師の業務負担を軽減できるという。

すでに北大病院や北里大学病院などでアプリの実証実験を始めた。TOPPANは22年から北大病院と医療DXに関する技術を開発していた。

■ TOPPAN、東南アでリサイクル供給網 包装材の新工場（12/30）

TOPPANホールディングス（旧凸版印刷）はインドネシアで再生しやすい包装材などの新工場を建てる。日用品や食品向けに2025年度に稼働させる。東南アジアではリサイクルに適した包装材は珍しく、再生素材を使った包装材の生産も視野に入れる。

環境保護を重視する日用品メーカーなどの進出を見越して、リサイクル供給網をいち早く整える。

新工場は約100億円を投じ、西ジャワ州の工業団地に建てる。同社のインドネシアでの包装材工場は3カ所目で生産能力は倍増する。原料のプラスチックをフィルム状にし、商品名などの印字やパウチへの成型まで手掛ける。

新工場では複数のプラスチックフィルムを貼り合わせた一般的な包装材に加え、顧客の要望に応じてポリプロピレンやポリエチレンなど、同じ種類のプラスチックだけを使う包装材の生産体制も整える。シャンプーのような日用品、菓子などの食品向けの用途を見込む。

日本を含め世界で使われる多くの包装材は耐熱性などを高めるために異なる素材を組み合わせている。複数の素材を使うと分離が難しく、東南アジアではごみ処理設備が未整備のためプラスチックゴミはそのまま投棄されることが多い。日本で普及している焼却処分も二酸化炭素（CO_2）が発生するという課題があった。

TOPPANがインドネシアで単一素材タイプの一貫生産に対応できるようにするのは初めて。従来は同州内の別の工場で日本などから持ち込んだフィルムを加工していた。

単一素材の包装材は使用後に分離せずに高温で溶かして再生するので工程の手間や負担が少ない。将来的に新工場では再生したプラスチックから包装材を生産することも検討する。一貫体制とすることで再生した素材も使えるようになる。

TOPPANはインドネシアでも環境意識の高まりを受け、リサイクル施設の建設が進むとみる。環境負荷が低く資源循環につながる高温で溶かす施設を有望視している。

✔2022年の重要ニュース (出典:日本経済新聞)

■凸版印刷、AIで化粧品を提案　ドラッグストアなどに設置（1/17）

凸版印刷は人工知能（AI）で人の顔を認識し、個人に合わせた化粧品の組み合わせやメーク方法、商品を提供する自販機型の機器を本格運用し始めた。カメラでAIが顔を分析し、アイシャドーや口紅などの商品やメーク方法を提案する。利用者は機器から商品を受け取り、レジで会計する。化粧品会社向けに展開し、2026年3月期までに全国で100台の設置を目指す。

今回開発した「AIレコメンドベンダー」の価格は仕様によって変動するが、上限の目安を900万円とする。すでに昨秋からカネボウ化粧品のブランド「KATE」の商品やメーク方法を提案する機器「KATE iCON BOX」で導入されており、現在は東京・原宿の化粧品販売店に設置されている。

KATE iCON BOXは顔の分析結果をもとに26色の単色アイシャドーから4色を提案し、メーク方法を画面で紹介する。個人に合わせたオリジナルのアイシャドーパレットをつくり、機器から商品を提供してレジで会計する仕組みだ。

AIレコメンドベンダーは今月から、他社や他の化粧品を対象に本格展開を始めた。ドラッグストアや化粧品販売店などに設置する。将来は商品の提供だけでなく、決済まで完了できるようにする。

凸版印刷によると、化粧品業界ではAIで顔を分析し化粧品を紹介する技術はあるが、実際に店舗で商品を探さないといけないため購入まで結びつきにくいという。AIレコメンドベンダーは提案した商品がその場で出てきてレジで会計する仕組みのため、購入を促しやすいとみている。

■凸版、仮想空間で展示場再現　4月にも事業展開（2/17）

凸版印刷が「脱印刷」に向けてインターネット上の仮想空間「メタバース」に関わる事業展開を加速する。メタバースに必要な仮想空間とアバター（分身）管理に関する基盤を開発し、4月にも企業向けに仮想空間の構築支援サービスを始める。住宅展示場などの再現を想定する。今後はメタバースに本腰を入れる海外勢に対し競争力を担保できるかが課題になる。

凸版はこれまで仮想空間上のショッピングモールで買い物できるスマートフォンアプリなどを提供してきた。今回は仮想空間構築の支援サービス「MiraVerse（ミラバース）」を開発。4月にも提供を開始し、住宅や自動車の展示場、観光地などを再現してリアルなシミュレーションや体験をできるようにする。印刷技術

で培った色彩や質感管理のノウハウを生かす。

アバターの管理基盤となる「AVATECT（アバテクト）」も開発した。アバターの本人認証のほか、デジタル上の価値が本物だと証明する「非代替性トークン（NFT）」も付与する。専用の検査ソフトで読み取ると浮かび上がる電子透かし情報も与え、不正利用やアバターのなりすましを防ぐ。IC カードや本人確認アプリなど、セキュリティー関連事業を請け負ってきた知見を生かす。

中期経営計画では DX（デジタルトランスフォーメーション）分野を主力とする方針を掲げる。同社の柴谷浩毅執行役員は「DX 事業における一つの大きな柱にしたい」と話す。2025 年度にも関連受注を含めた売上高 100 億円を目指す。

■ IC カードに新暗号技術　25 年の実用化狙う（8/14）

凸版印刷と国立研究開発法人の情報通信研究機構（NICT）は、新たな暗号技術を使った IC カードを月内に開発する。量子コンピューターでも解読が難しい暗号で、情報流出などを防ぎ安全性を高めることができ、2025 年の実用化を目指している。クレジットカードや電子カルテなどで新たな暗号技術を使った製品などの実用化が今後進みそうだ。

米政府のセキュリティー基準などを定める米国立標準技術研究所（NIST）が 7 月に採用を発表した米 IBM などが提案した新たな電子署名の暗号規格「CRYSTALS Dilithium」を使う。量子コンピューターでも暗号の規則性を見つけるのが難しく安全性を高められる。事実上の世界標準として 24 年までに規格化される見通しだ。

凸版は NICT と連携し、この新暗号を採用した IC カードの試作品を 8 月中に完成させる。凸版は IC カードの国内大手で、NICT は量子技術などを使った安全性の高いクラウドを構築する技術を持つ。凸版は 25 年にも電子カルテやクレジットカードなどで導入を目指す。

IC カード製造では仏アイデミアと仏タレスグループ、ドイツのギーゼッケ・アンド・デブリエントが世界 3 強といわれている。凸版は大日本印刷（DNP）とともに国内で大きなシェアを握るが、海外展開は進んでいなかった。新暗号を採用した IC カードを早期に実用化し、米国を皮切りに海外事業拡大につなげたい考えだ。本格流通開始から 3 年後には新暗号関連事業で売上高 10 億円を目指す。

■凸版印刷、人体データ活用で専門組織　システム開発へ（1/5）

　凸版印刷は人体に関するデータの活用を目指し、社内に専門組織を設置した。第 1 弾として顔の形状などを計測し、拡張現実（AR）技術を用いてバーチャル空間で化粧を再現する実証実験をはじめた。顧客個人の嗜好に合った製品開発の需要が高まるなか、人体情報を分析できるシステム開発につなげる。

　人体情報のデータ活用を研究する「トッパンバーチャルヒューマンラボ」を 2020 年 12 月に設立した。顔の計測は化粧品大手のコーセーと共同で実験をはじめた。米南カリフォルニア大学が開発した顔画像撮影装置「ライトステージ」を活用する。ライトステージは球状の空間に配置した多数の電球を制御することで、顔の肌色や形状、質感が細かく計測できるという。

　実証実験では計測した顔データに化粧を再現し、接客などに使えるか検証する。凸版印刷は化粧品のオンライン接客向けに、AR 技術を用いた仮想メークシステムの開発を検討する。コーセーは化粧品情報などを提供する。

　両社は既にコーセーが製造するファンデーションの発色特性がデータ上で再現できると確認した。今回の実験では再現する化粧品の種類を増やすほか、精度を高める。

　凸版印刷は専門組織で、筋骨格系の身体動作や手足の形状などを計測するシステムの開発を予定している。企業の新製品開発などを支援する。

■凸版印刷、プラ容器 3 割薄く　CO2 排出量も削減（2/24）

　凸版印刷は 24 日、従来に比べて 3 割薄いプラスチック容器を開発したと発表した。独自の成型技術を活用し、プラスチック使用量や製造時の二酸化炭素（CO2）排出量を削減できる。食品や日用品メーカーに向けて製造する。2025 年度までに関連事業を含めて約 10 億円の売り上げを目指す。環境負荷の少ない容器に注目が集まっており、需要を取り込みたい考えだ。

　24 日からメーカー向けにサンプルの提供を始めた。物質の温度と圧力が臨界点を超え、気体と液体の両方の性質を持つ「超臨界流体」を活用し、プラスチック樹脂が金型の隅まで効率よく行き渡るようにした。

　従来の強度を保ちながら容器の厚さを 0.35 ミリメートルまで薄くすることが可能。プラスチックの使用量は従来より 3 割削減できる。マーガリンなどを入れ

る容器としての利用を想定している。

　丸形や角形など様々な形状に対応でき、従来は成型が難しかった生分解性樹脂や植物由来のバイオマスポリエチレンなども使える。試作品を製造した際には従来に比べ CO_2 排出量も 2 割削減できたという。

■凸版印刷、トッパン・フォームズを完全子会社に　22 年 (11/10)

　凸版印刷は 10 日、ビジネス帳票などを手掛けるトッパン・フォームズを TOB（株式公開買い付け）で完全子会社にすると発表した。凸版はトッパン・フォームズ株の 60.74%（議決権ベース）を保有している。2022 年 3 月までに、約 675 億円をかけて残りの株式を取得する。DX（デジタルトランスフォーメーション）事業での重複投資を避け、効率化を進める。

　買い付け期間は 11 日から 12 月 23 日まで。TOB 価格は 1 株 1550 円で、トッパン・フォームズ株の 10 日終値である 1022 円を 52% 上回る。トッパン・フォームズは凸版傘下の子会社のうち国内唯一の上場会社だった。凸版は今回の完全子会社化で、国内市場での親子上場を解消することとなる。

　凸版は 23 年 10 月をめどに持ち株会社体制への移行に向けた検討に入ることも発表した。グループ内で相乗効果を高め、注力事業である DX 分野の強化を狙う。

　半導体の電子回路の原版となるフォトマスク事業は分割し、22 年 4 月をめどに新会社を設立する。凸版が 50.1%、投資ファンドのインテグラルが 49.9% を出資する。半導体の需要変化に柔軟に対応できる体制を整える。フォトマスクをめぐっては半導体メーカーによる内製化が進んでいる。将来の需要増を見込んで凸版も外販メーカーとして製造に力を入れる。

　凸版は 22 年 3 月期の連結純利益について、前期比 56% 減の 360 億円になりそうだと発表した。従来予想（62% 減の 310 億円）から上方修正した。事業者や自治体の間接業務を請け負う BPO（ビジネス・プロセス・アウトソーシング）などが好調だった。

✔ 就活生情報

GDは90％運，2次面接は普通にしたら通る。最終は半分以上落ちるらしいが，対策してボロを出さなければいける

総合職（2023年度採用）

エントリーシート
・形式：採用ホームページから記入
・内容：凸版の未来の可能性，志望動機，興味のある部署など

セミナー
・選考とは無関係
・服装：リクルートスーツ
・内容：サボってしまったのでわからないが，予約してサボっても内定をもらえたので関係ないと思われる

筆記試験
・形式：Webテスト
・科目：SPI（数学，算数／国語，漢字）

面接（個人・集団）
・雰囲気：普通　回数：2回
・質問内容：人柄や学業の内容だけで関することだけ，志望動機は聞かれなかった

グループディスカッション
・内容：どのサービスがいいか話し合って決める

内定
・拘通知方法：電話

● その他受験者からのアドバイス
・受かっていたら連絡がはやい

グループディスカッション対策会があれば参加しましょう

営業職 2021 卒

エントリーシート

・形式：採用ホームページから記入
・内容：学生時代力を入れたこと／強み弱み／生き方や価値観に影響を与えた出来事・事柄／志望動機／選社の軸／かかわりたい業務を具体的に／凸版で活かせる強み／凸版の未来の可能性についてあなたが考えるもの

セミナー

・筆記や面接などが同時に実施される，選考と関係のあるもの
・服装：きれいめの服装

筆記試験

・形式：Web テスト
・科目：数学，算数／国語，漢字／性格テスト
・内容：テストセンター。性格重視の可能性あり

面接（個人・集団）

・雰囲気：普通
・回数：2回
・質問内容：ガクチカ／志望動機／どんな業務にかかわりたいか／他の受ける業界でやりたいことは／ゼミナールについて／ES項目の深堀がメイン

内定

・通知方法：電話
・タイミング：予定通り

● その他受験者からのアドバイス

・どんなにうまくいかなくとも，粘ってみる

OB・OG訪問はしたほうが良いです。早め早めの行動を意識し，それに対して万全の準備をしましょう

企画職 2021卒

エントリーシート

・内容：ガクチカ／長所・短所／生き方や価値観に影響を与えた出来事／印刷業界の他に興味のある業界・企業／凸版の事業分野で関心度の高いもの／凸版の「未来の可能性」について／身の回りの既存の商品やサービスを組み合わせて，新しい顧客体験を提供するアイデアを考える　など

セミナー

・選考とは無関係　服装：全くの普段着
・内容：WEBで2度ほど，社内の雰囲気や仕事内容が分かる「オンライン社員座談会」がある

筆記試験

・形式：Webテスト　科目：数学，算数／国語，漢字

面接（個人・集団）

・雰囲気：和やか　回数：2回
・質問内容：一次面接…ガクチカ／作品プレゼン／作品についての質問／志望動機／入社後やりたいこと　最終面接…人事の方 なんでこの大学に？／実際この大学でよかった？どんなところが？／なんでその性格になったと思う？
・企画職：1番自分らしい作品は／なんでこの表紙なのか／（作品に関して）実際に想定ユーザーにフィードバックもらったか／コロナ期間だからこそやっていること　全体：会社選びの軸／他社の選考状況／会社に入ってやりたいこと／他社と凸版に内々定をもらったら何で判断するか／短所とその対処

グループディスカッション

・内容：架空の3つの技術の資料を見て，個人で4つ目を考える。その後7人が出した案の中から相談し1つ選ぶ。2部では課題説明され，そこに売り込むための技術を選んでプレゼンする

内定

・通知方法：電話

面接では，この会社でやりたいことは，具体的プロジェクト名や製品名を挙げてまで明確にすべきです

技術職 2020卒

エントリーシート

・形式：採用ホームページから記入
・内容：専攻内容と得意科目／バイトやサークルの経験／やってみたい具体的な仕事／自分を一言で／志望理由とトッパンで生かせるあなたの強み／その他，A4一枚分の研究レポートの提出あり

セミナー

・記載無し

筆記試験

・形式：Webテスト
・科目：SPI（数学，算数／国語，漢字）

面接（個人・集団）

・雰囲気：和やか
・回数：2回
・質問内容：一次面接…基本的にESに沿った内容（深掘りなし）。技術系担当からは提出した研究レポートをもとにいくつか質問。専攻内容を分かりやすく説明できれば問題ない。その後，人事担当からバイトやサークルの経験などについて質問
　　最終面接…一次と同様，技術担当から研究内容についての質問の後に人事担当からその他の経験について

内定

・通知方法：電話
・タイミング：予定通り

● その他受験者からのアドバイス

・連絡が早い
・就活で大事なのは「一貫性」

面接では，多少答えにくい質問でも簡潔に答えられるように，あらかじめ質問を想定し練習をしてから臨みました

技術系 2019卒

エントリーシート

・形式：マイページ上で
・内容：研究課題，ゼミの専攻内容，または得意教科，学生時代に最も努力したこと，学生時代，何のクラブ，サークルに所属してたか，学生時代，どのようなアルバイトをしていたか　等

セミナー

・内容：学内合同説明会で，企業の理念，仕事内容，福利厚生，先輩社員の仕事紹介など。ここでは仕事内容よりも職場の雰囲気を先輩社員の仕事紹介の際を中心に感じ取れるように気を付けた。また，聞きにくい残業時間や福利厚生などの質問は，このタイミングで質問し不安を解消できるように心がけた

筆記試験

・形式：Webテスト
・科目：SPI（能力試験（言語・非言語），性格検査）

面接（個人・集団）

・質問内容：志望動機（簡潔にという条件が付いていた），入社してからやってみたい事，学生時代に頑張ったこと，外国にはいったことあるか，（行ったことあるという回答を踏まえて）行ったことある外国と日本のいいところと悪いところを1つずつ挙げる，特技について，逆質問　等

内定

・拘束や指示：内定時期は5月下旬，承諾検討期間は通知日を含めて1週間以内

● その他受験者からのアドバイス

・面接では，あらかじめ質問を想定し練習をしてから臨んだ。実際には質問されなかったが，「大日本印刷ではダメなのか」という質問にも答えられるように準備を行った
・その他には朝早い時間帯だったので早起きを心掛けた

この会社は，企業研究＞自己分析と感じました。もちろん自己分析もしっかりやっておきましょう

総合職（営業）2018卒

エントリーシート

・形式：採用ホームページから記入
・内容：学生時代に力を入れた事2点，長所，短所，生き方や価値観に影響を与えた事，志望理由，就活の軸，具体的にやりたい仕事，凸版で活かせる強み，凸版の未来について

セミナー

・選考とは無関係　服装：リクルートスーツ
・内容：実際に働いている社員の方からじっくりお話を聞く事ができる。学内説明会などとは一味違うので業務について理解を深める事もできる

筆記試験

・形式：Webテスト
・科目：SPI（数学，算数／国語，漢字／性格テスト）噂ではボーダーは低め

面接（個人・集団）

・回数：3回
・質問内容：人により内容は異なるが質問は厳しいところを突く様なものが多い。業界研究，自己分析をしっかりして自分なりの考えを丁寧に伝えることが大事。私は志望事業に関係ある業界の時事ネタなども振られた

グループディスカッション

・テーマ：「新卒採用のための学生へアプローチする方法を考え，上司に発表せよ」

内定

・拘通知方法：電話

▶ その他受験者からのアドバイス

・人事の方が優しい。面接官もしっかり個人を見た上で判断してくれる
・よくなかった点は，連絡は即日，翌日と書かれていることが多いが，必ずしもそういう訳ではない。評価順で連絡がいっている模様

就活は思ったより楽しいと感じました。どうしても
つらくなったら，適度に肩の力を抜いて，就活以外
のことを考えると良いと思います

総合職（営業） 2017卒

エントリーシート

・形式：採用ホームページから記入
・内容：志望動機，長所・短所，学生時代に力を入れたこと，凸版の改善点
　など

セミナー

・選考とは無関係
・服装：リクルートスーツ
・内容：一般的な説明会。職員による仕事の体験談など

筆記試験

・形式：Webテスト
・科目：数学，算数／国語，漢字／性格テスト
・内容：ES提出の際に玉手箱，最終面接前にSPI

面接（個人・集団）

・雰囲気：普通
・回数：3回
・質問内容：志望動機，やりたいこと，学生時代のこと，ESの深掘りなど

内定

・通知方法：電話

● その他受験者からのアドバイス

・連絡が速いくて，即日か翌日にはくる
・一次面接から内々定まで2週間しかかからなかった
・関西で最終面接まで受けられる

自身の人間性をそのまま伝えてください。自身の弱みや，良くないと思っていることも正直に伝えましたが，内々定をいただきました

技術系 2017卒

エントリーシート

・形式：採用ホームページから記入
・内容：研究課題，学生時代に最も努力したこと，学生時代何のクラブ・サークルに所属していたか，長所と短所，凸版を志望する理由と，凸版で活かせるあなたの強み，やってみたい具体的な仕事内容など

セミナー

・選考とは無関係
・服装：リクルートスーツ
・内容：企業の概要と先輩社員との座談会

筆記試験

・形式：Webテスト／その他
・科目：数学，算数／国語，漢字／性格テスト

面接（個人・集団）

・雰囲気：和やか
・回数：2回
・質問内容：自己紹介，研究概要，自分を一言で表すとについて，ストレスの解消法，勤務地，実際にどのような仕事がしたいかなど

内定

・拘束や指示：他社の最終があるという話をしたら，それを受けた後まで待ってくれた
・通知方法：電話
・タイミング：予定より早い

▶ その他受験者からのアドバイス

・通過の場合だけかもしれませんが，非常に連絡が早かった
・面接官や人事の方が非常にいい方だった

就職活動は努力も大切ですが，どうしても縁もあるので，もし選考に落ちてしまっても，気にしなくて次に進んでください

総合職 2017卒

エントリーシート

・形式：採用ホームページから記入
・内容：量が多いので，時間をかけて書いた方がよい

セミナー

・選考とは無関係
・服装：リクルートスーツ
・内容：会社の概要説明と社員３人を招いて質問会

筆記試験

・形式：Webテスト／その他
・科目：数学，算数／国語，漢字。２回ある

面接（個人・集団）

・雰囲気：普通
・回数：３回
・質問内容：学生時代力を入れたこと，志望動機など基本的なこと

内定

・拘束や指示：他の選考が終わるまで待ってくれた
・通知方法：電話
・タイミング：予定通り

自己分析をしっかりやっておかないと，面接の時に言葉がうまく出てこないこともあるので，とことん掘り下げよう

総合職 2016卒

エントリーシート

・形式：指定の用紙に手書きで記入
・内容：「志望動機」「学生時代に力を入れたこと」「強み」「凸版の改善点」など

セミナー

・選考とは無関係
・服装：リクルートスーツ
・内容：「社員との座談会」など

筆記試験

・形式：Webテスト
・科目：性格テスト，一般教養など

面接（個人・集団）

・回数：3回
・質問内容：一般的なものだった

グループディスカッション

・テーマ：「社内で発生した案件に反対する部長を説得する案を考える」

内定

・通知方法：電話

✔ 有価証券報告書の読み方

01 部分的に読み解くことからスタートしよう

　「有価証券報告書（以下，有報）」という名前を聞いたことがある人も少なくはないだろう。しかし，実際に中身を見たことがある人は決して多くはないのではないだろうか。有報とは上場企業が年に1度作成する，企業内容に関する開示資料のことをいう。開示項目には決算情報や事業内容について，従業員の状況等について記載されており，誰でも自由に見ることができる。

　一般的に有報は，証券会社や銀行の職員，または投資家などがこれを読み込み，その後の戦略を立てるのに活用しているイメージだろう。その認識は間違いではないが，だからといって就活に役に立たないというわけではない。就活を有利に進める上で，お得な情報がふんだんに含まれているのだ。ではどの部分が役に立つのか，実際に解説していく。

■有価証券報告書の開示内容

　では実際に，有報の開示内容を見てみよう。

有価証券報告書の開示内容

第一部【企業情報】
　第1　【企業の概況】
　第2　【事業の状況】
　第3　【設備の状況】
　第4　【提出会社の状況】
　第5　【経理の状況】
　第6　【提出会社の株式事務の概要】
　第7　【提出会社の状参考情報】
第二部【提出会社の保証会社等の情報】
　第1　【保証会社情報】
　第2　【保証会社以外の会社の情報】
　第3　【指数等の情報】

有報は記載項目が統一されているため，どの会社に関しても同じ内容で書かれている。このうち就活において必要な情報が記載されているのは，第一部の第1【企業の概況】～第5【経理の状況】まで，それ以降は無視してしまってかまわない。

02 企業の概況の注目ポイント

第1【企業の概況】には役立つ情報が満載。そんな中，最初に注目したいのは，冒頭に記載されている【主要な経営指標等の推移】の表だ。

回次		第25期	第26期	第27期	第28期	第29期
決算年月		平成24年3月	平成25年3月	平成26年3月	平成27年3月	平成28年3月
営業収益	（百万円）	2,532,173	2,671,822	2,702,916	2,756,165	2,867,199
経常利益	（百万円）	272,182	317,487	332,518	361,977	428,902
親会社株主に帰属する当期純利益	（百万円）	108,737	175,384	199,939	180,397	245,309
包括利益	（百万円）	109,304	197,739	214,632	229,292	217,419
純資産額	（百万円）	1,890,633	2,048,192	2,199,357	2,304,976	2,462,537
総資産額	（百万円）	7,060,409	7,223,204	7,428,303	7,605,690	7,789,762
1株当たり純資産額	（円）	4,738.51	5,135.76	5,529.40	5,818.19	6,232.40
1株当たり当期純利益	（円）	274.89	443.70	506.77	458.95	625.82
潜在株式調整後1株当たり当期純利益	（円）	―	―	―	―	―
自己資本比率	（％）	26.5	28.1	29.4	30.1	31.4
自己資本利益率	（％）	5.9	9.0	9.5	8.1	10.4
株価収益率	（倍）	19.0	17.4	15.0	21.0	15.5
営業活動によるキャッシュ・フロー	（百万円）	558,650	588,529	562,763	622,762	673,109
投資活動によるキャッシュ・フロー	（百万円）	△370,684	△465,951	△474,697	△476,844	△499,575
財務活動によるキャッシュ・フロー	（百万円）	△152,428	△101,151	△91,367	△86,636	△110,265
現金及び現金同等物の期末残高	（百万円）	167,525	189,262	186,057	245,170	307,809
従業員数［ほか，臨時従業員数］	（人）	71,729 [27,746]	73,017 [27,312]	73,551 [27,736]	73,329 [27,313]	73,053 [26,147]

　見慣れない単語が続くが，そう難しく考える必要はない。特に注意してほしいのが，**営業収益**，**経常利益**の二つ。営業収益とはいわゆる**総売上額**のことであり，これが企業の本業を指す。その営業収益から営業費用（営業費（販売費＋一般管理費）＋売上原価）を差し引いたものが**営業利益**となる。会社の業種はなんであれ，モノを顧客に販売した合計値が営業収益であり，その営業収益から人件費や家賃，広告宣伝費などを差し引いたものが営業利益と覚えておこう。対して経常利益は営業利益から本業以外の損益を差し引いたもの。いわゆる金利による収益や不動産収入などがこれにあたり，本業以外でその会社がどの程度の力をもっているかをはかる絶好の指標となる。

■会社のアウトラインを知れる情報が続く。

　この主要な経営指標の推移の表につづいて、「会社の沿革」、「事業の内容」、「関係会社の状況」「従業員の状況」などが記載されている。自分が試験を受ける企業のことを、より深く知っておくにこしたことはない。会社がどのように発展してきたのか、主としている事業はどのようなものがあるのか、従業員数や平均年齢はどれくらいなのか、志望動機などを作成する際に役立ててほしい。

03　事業の状況の注目ポイント

　第2となる【事業の状況】において、最重要となるのは**業績等の概要**といえる。ここでは1年間における収益の増減の理由が文章で記載されている。「○○という商品が好調に推移したため、売上高は△△になりました」といった情報が、比較的易しい文章で書かれている。もちろん、損失が出た場合に関しても包み隠さず記載してあるので、その会社の1年間の動向を知るための格好の資料となる。

　また、業績については各事業ごとに細かく別れて記載してある。例えば鉄道会社ならば、①運輸業、②駅スペース活用事業、③ショッピング・オフィス事業、④その他といった具合だ。**どのサービス・商品がどの程度の売上を出したのか**、会社の持つ展望として、今後**どの事業をより活性化**していくつもりなのか、などを意識しながら読み進めるとよいだろう。

■「対処すべき課題」と「事業等のリスク」

　業績等の概要と同様に重要となるのが、「**対処すべき課題**」と「**事業等のリスク**」の2項目といえる。ここで読み解きたいのは、その会社の**今後の伸びしろ**について。いま、会社はどのような状況にあって、どのような課題を抱えているのか。また、その課題に対して取られている対策の具体的な内容などから経営方針などを読み解くことができる。リスクに関しては法改正や安全面、他の企業の参入状況など、会社にとって決してプラスとは言えない情報もつつみ隠さず記載してある。客観的にその会社を再評価する意味でも、ぜひ目を通していただきたい。

　次代を担う就活生にとって、ここの情報はアピールポイントとして組み立てやすい。「新事業の○○の発展に際して……」、「御社が抱える●●というリスクに対して……」などという発言を面接時にできれば、面接官の心証も変わってくるはずだ。

　最後に注目したいのが，第5【経理の状況】だ。ここでは，簡単にいえば【主要な経営指標等の推移】の表をより細分化した表が多く記載されている。ここの情報をすべて理解するのは，簿記の知識がないと難しい。しかし，そういった知識があまりなくても，読み解ける情報は数多くある。例えば**損益計算書**などがそれに当たる。

連結損益計算書

（単位：百万円）

	前連結会計年度 （自　平成26年4月1日 至　平成27年3月31日）	当連結会計年度 （自　平成27年4月1日 至　平成28年3月31日）
営業収益	2,756,165	2,867,199
営業費		
運輸業等営業費及び売上原価	1,806,181	1,841,025
販売費及び一般管理費	※1　522,462	※1　538,352
営業費合計	2,328,643	2,379,378
営業利益	427,521	487,821
営業外収益		
受取利息	152	214
受取配当金	3,602	3,703
物品売却益	1,438	998
受取保険金及び配当金	8,203	10,067
持分法による投資利益	3,134	2,565
雑収入	4,326	4,067
営業外収益合計	20,858	21,616
営業外費用		
支払利息	81,961	76,332
物品売却損	350	294
雑支出	4,090	3,908
営業外費用合計	86,403	80,535
経常利益	361,977	428,902
特別利益		
固定資産売却益	※4　1,211	※4　838
工事負担金等受入額	※5　59,205	※5　24,487
投資有価証券売却益	1,269	4,473
その他	5,016	6,921
特別利益合計	66,703	36,721
特別損失		
固定資産売却損	※6　2,088	※6　1,102
固定資産除却損	※7　3,957	※7　5,105
工事負担金等圧縮額	54,253	※8　18,346
減損損失	※9　12,738	※9　12,297
耐震補強重点対策関連費用	8,906	10,288
災害損失引当金繰入額	1,306	25,085
その他	30,128	8,537
特別損失合計	113,379	80,763
税金等調整前当期純利益	315,300	384,860
法人税、住民税及び事業税	107,540	128,972
法人税等調整額	26,202	9,326
法人税等合計	133,742	138,298
当期純利益	181,558	246,561
非支配株主に帰属する当期純利益	1,160	1,251
親会社株主に帰属する当期純利益	180,397	245,309

　主要な経営指標等の推移で記載されていた**経常利益**の算出する上で必要な営業外収益などについて，詳細に記載されているので，一度目を通しておこう。
　いよいよ次ページからは実際の有報が記載されている。ここで得た情報をもとに有報を確実に読み解き，就職活動を有利に進めよう。

✔ 有価証券報告書

企業の概況

1 主要な経営指標等の推移

(1) 連結経営指標等 ··

回次		第173期	第174期	第175期	第176期	第177期
決算年月		2019年3月	2020年3月	2021年3月	2022年3月	2023年3月
売上高	（百万円）	1,464,755	1,486,007	1,466,935	1,547,533	1,638,833
経常利益	（百万円）	49,115	66,719	58,053	76,318	81,172
親会社株主に帰属する当期純利益	（百万円）	41,049	87,047	81,997	123,182	60,866
包括利益	（百万円）	43,889	△22,642	172,210	82,757	13,860
純資産額	（百万円）	1,328,874	1,310,232	1,453,164	1,437,207	1,452,169
総資産額	（百万円）	2,194,215	2,143,454	2,363,503	2,288,188	2,238,817
1株当たり純資産額	（円）	3,625.84	3,416.48	3,870.14	4,089.58	4,059.82
1株当たり当期純利益	（円）	127.55	261.06	237.16	365.21	185.07
潜在株式調整後1株当たり当期純利益	（円）	120.67	−	−	−	−
自己資本比率	（％）	53.2	55.2	56.0	59.7	59.2
自己資本利益率	（％）	3.6	7.4	6.5	9.2	4.5
株価収益率	（倍）	13.10	6.34	7.88	5.93	14.40
営業活動によるキャッシュ・フロー	（百万円）	76,759	92,134	76,858	64,748	106,080
投資活動によるキャッシュ・フロー	（百万円）	△73,868	△35,143	81,249	32,802	△31,414
財務活動によるキャッシュ・フロー	（百万円）	△1,263	△32,740	42,215	△186,956	△50,128
現金及び現金同等物の期末残高	（百万円）	272,990	296,873	497,237	414,265	447,607
従業員数	（人）	51,712	52,599	52,401	54,336	53,946
［外、平均臨時雇用人員］		[5,435]	[5,503]	[5,802]	[5,773]	[5,561]

（注）1　売上高には，消費税等は含まれておりません。

2　第174期，第175期，第176期及び第177期の潜在株式調整後1株当たり当期純利益については，潜在株式が存在しないため，記載しておりません。

3　第174期において，企業結合に係る暫定的な会計処理の確定を行っており，第173期に係る主要な経営指標等については，暫定的な会計処理の確定の内容を反映させております。

ⓟₒᵢₙₜ 主要な経営指標等の推移

　数年分の経営指標の推移がコンパクトにまとめられている。見るべき箇所は連結の売上，利益，株主資本比率の3つ。売上と利益は順調に右肩上がりに伸びているか，逆に利益で赤字が続いていたりしないかをチェックする。株主資本比率が高いとリーマンショックなど景気が悪化したときなどでも経営が傾かないという安心感がある。

4 「収益認識に関する会計基準」（企業会計基準第29号2020年3月31日）等を第176期の期首から適用しており，第176期以降に係る主要な連結経営指標等については，当該会計基準等を適用した後の指標等となっております。

(2)　提出会社の経営指標等

回次		第173期	第174期	第175期	第176期	第177期
決算年月		2019年3月	2020年3月	2021年3月	2022年3月	2023年3月
売上高	（百万円）	841,882	849,812	816,620	823,702	802,638
経常利益	（百万円）	40,090	45,105	35,734	47,719	31,697
当期純利益	（百万円）	40,257	83,048	78,975	111,646	53,198
資本金	（百万円）	104,986	104,986	104,986	104,986	104,986
発行済株式総数	（千株）	349,706	349,706	349,706	349,706	349,706
純資産額	（百万円）	946,850	963,393	1,090,613	1,104,260	1,053,270
総資産額	（百万円）	1,628,896	1,586,091	1,812,692	1,769,325	1,609,827
1株当たり純資産額	（円）	2,922.94	2,764.53	3,170.92	3,287.24	3,208.19
1株当たり配当額 （うち1株当たり中間配当額）	（円） （円）	30.00 (10.00)	60.00 (20.00)	40.00 (20.00)	44.00 (20.00)	46.00 (22.00)
1株当たり当期純利益	（円）	124.27	247.41	226.93	329.15	160.81
潜在株式調整後 1株当たり当期純利益	（円）	117.61	−	−	−	−
自己資本比率	（%）	58.1	60.7	60.2	62.4	65.4
自己資本利益率	（%）	4.3	8.7	7.7	10.2	4.9
株価収益率	（倍）	13.45	6.69	8.24	6.58	16.57
配当性向	（%）	32.19	24.25	17.63	13.37	28.61
従業員数	（人）	9,993	10,330	10,730	10,951	10,843
株主総利回り （比較指標：配当込みTOPIX）	（%） （%）	98.0 (95.0)	100.6 (85.9)	115.1 (122.1)	134.6 (124.6)	165.8 (131.8)
最高株価	（円）	1,869 (948)	2,309	1,997	2,377	2,840
最低株価	（円）	1,532 (812)	1,370	1,319	1,692	1,847

（注）1　第174期，第175期，第176期及び第177期の潜在株式調整後1株当たり当期純利益については，潜在株式が存在しないため，記載しておりません。

　　　2　従業員数は，「就業人員数」で表示しております。

　　　3　第173期の1株当たり配当額30.00円は，1株当たり中間配当額10.00円と1株当たり期末配当額20.00円の合計であります。2018年10月1日をもって普通株式2株につき1株の割合で株式併合を行っているため，1株当たり中間配当額10.00円は株式併合前，1株当たり期末配当額20.00円は株式併合後の金額となります。

4 第174期の1株当たり配当額60.00円は，創業120周年記念配当20.00円を含んでおります。

5 最高株価及び最低株価は，2022年4月3日以前は東京証券取引所市場第一部におけるものであり，2022年4月4日以降は東京証券取引所プライム市場におけるものであります。なお，第173期の株価については株式併合後の最高株価及び最低株価を記載しており，株式併合前の最高株価及び最低株価を括弧内に記載しております。

6 「収益認識に関する会計基準」（企業会計基準第29号 2020年3月31日）等を第176期の期首から適用しており，第176期以降に係る主要な経営指標等については，当該会計基準等を適用した後の指標等となっております。

2 沿革

1900年1月	・凸版印刷合資会社として設立（東京市下谷区二長町）。
1908年6月	・資本金40万円の株式会社に改組。
1927年1月	・大阪分工場を新設（1944年大淀工場と改称）。
1938年5月	・板橋工場を新設。
1944年7月	・精版印刷株式会社を合併，大阪支社を開設し，大阪支社工場として稼働。
1945年7月	・九州工場を新設。
1949年5月	・東京証券取引所に株式を上場。
1961年12月	・事業部制を導入，本社，板橋，下谷，小石川，関西，西日本の7事業部が発足。
1962年8月	・商業印刷専門工場となる朝霞工場を新設。
1965年5月	・ムーア社（カナダ）との合弁で，トッパン・ムーア・ビジネスフォーム株式会社を設立（1971年トッパン・ムーア株式会社と改称）。
1967年9月	・相模原工場を新設（紙器）。
1968年5月	・下谷工場跡地に（旧）本社ビル「トッパンビルディング」（東京都台東区）竣工。
1968年12月	・九州精版印刷株式会社を合併，福岡工場として稼働（一般印刷，新聞印刷，紙器，特印）。
1970年10月	・滋賀工場を新設（リードフレーム）。
1971年12月	・愛知特殊印刷株式会社，興文舎印刷株式会社を合併し，名古屋工場（特印，紙器），札幌工場（一般印刷，特印）として稼働。
1973年12月	・朝霞精密工場を新設（フォトマスク，シャドウマスク）。
1975年7月	・福崎工場を新設（特印，チューブ，カップ，プラスチック）。
1979年6月	・熊本工場を新設（一般印刷，有価証券）。
1984年11月	・新潟工場を新設（プリント配線板）。
1986年3月	・本社ビル（東京都千代田区）竣工。
1986年7月	・総合研究所（埼玉県杉戸町）を新設。

(point) 沿革

どのように創業したかという経緯から現在までの会社の歴史を年表で知ることができる。過去に行った重要なM＆Aなどがいつ行われたのか，ブランド名はいつから使われているのか，いつ頃から海外進出を始めたのか，など確認することができて便利だ。

1988 年 4 月	・滝野工場を新設 (液体用紙容器)。
1988 年 10 月	・出版・製本の総合工場となる川口工場を新設 (出版印刷)。
1990 年 12 月	・産業資材の専門工場となる幸手工場を新設 (機能性材料)。
1997 年 7 月	・カード専門工場となる嵐山工場を新設 (IC カード)。
1997 年 9 月	・坂戸工場を新設 (出版印刷, 商業印刷)。
1998 年 3 月	・トッパン・フォームズ株式会社, 東京証券取引所市場第一部に株式を上場。
2000 年 4 月	・情報系ビジネス拠点「トッパン小石川ビル」(東京都文京区) 竣工。
2000 年 6 月	・「TOPPAN VISION 21」を発表。
2000 年 10 月	・東京都文京区に「トッパンホール」及び「印刷博物館」をオープン。
2001 年 7 月	・福岡新第一工場を新設 (特印)。
2004 年 1 月	・三重工場を新設 (カラーフィルタ)。
2005 年 4 月	・米国デュポンフォトマスク社 (現 Toppan Photomasks, Inc.) を買収。
2007 年 10 月	・図書印刷株式会社の第三者割当増資を引受け, 同社を連結子会社化。
2008 年 7 月	・SNP Corporation Limited (現 Toppan Leefung Pte. Ltd.) を買収。
2009 年 4 月	・製造部門を分社化し, 株式会社トッパンコミュニケーションプロダクツ, 株式会社トッパンパッケージプロダクツ, 株式会社トッパンエレクトロニクスプロダクツを設立。 ・機能性フィルムの生産拠点となる深谷工場を新設。
2013 年 10 月	・高セキュリティ対応のグループ・データセンターを新設。
2014 年 4 月	・国内外の軟包材生産のマザー工場となる群馬センター工場を新設。
2016 年 4 月	・透明バリアフィルムの生産拠点として Toppan USA, Inc. ジョージア工場を新設。
2016 年 6 月	・執行役員制度を導入。
2017 年 3 月	・中小型液晶パネル製造を手掛ける Giantplus Technology Co., Ltd. を連結子会社化。
2019 年 8 月	・図書印刷株式会社を完全子会社化。
2019 年 10 月	・建装材印刷事業を展開する INTERPRINT GmbH を買収。
2021 年 4 月	・本社機能を東京都文京区に移転し,「トッパン小石川ビル」を「トッパン小石川本社ビル」に改称。
2021 年 7 月	・軟包装事業を展開する InterFlex Investment Holdings,Inc. を買収。
2021 年 12 月	・株式会社トッパンフォトマスクを設立 (2022 年 4 月に当社フォトマスク事業を分割承継)。
2022 年 2 月	・フィルムメーカーの Max Speciality FilmsLimited (現 Toppan Speciality Films PrivateLimited) を連結子会社化。
2022 年 3 月	・トッパン・フォームズ株式会社を完全子会社化。

(point) 事業の内容

　会社の事業がどのようにセグメント分けされているか, そして各セグメントではどのようなビジネスを行っているかなどの説明がある。また最後に事業の系統図が載せてあり, 本社, 取引先, 国内外子会社の製品・サービスや部品の流れが分かる。ただセグメントが多いコングロマリットをすぐに理解するのは簡単ではない。

3 事業の内容

　当社グループ（当社，連結子会社219社，持分法適用非連結子会社２社及び持分法適用関連会社30社（2023年３月31日現在）により構成）におきましては，情報コミュニケーション事業分野，生活・産業事業分野及びエレクトロニクス事業分野の３事業分野にわたり幅広い事業活動を展開しております。各事業における当社グループの主な事業内容と，各事業に係る位置付け等及びセグメントとの関連は次のとおりであります。

セグメント	区分	主要な製品	主要な関係会社
情報コミュニケーション事業分野	セキュア関連	証券類全般、通帳、ICカード、各種カード、BPO（各種業務受託）など	（製造販売）当社 （製造委託）㈱トッパンコミュニケーションプロダクツ、Toppan Leefung Pte. Ltd.
		ビジネスフォーム、データ・プリント・サービスなど	（製造販売）当社、トッパン・フォームズ㈱
	マーケティング関連	カタログ・パンフレット・チラシ・POPなどの広告宣伝印刷物、各種プロモーションの企画・運営、コミュニケーション業務の各種アウトソーシング受託など	（製造販売）当社、㈱トータルメディア開発研究所、㈱ONE COMPATH、Toppan Leefung Pte. Ltd. （製造委託）㈱トッパンコミュニケーションプロダクツ、㈱トッパングラフィックコミュニケーションズ
	コンテンツ関連	週刊誌・月刊誌などの雑誌、単行本、辞書・事典などの書籍、教科書、電子書籍関連など	（製造販売）当社、図書印刷㈱、㈱フレーベル館、㈱BookLive （製造委託）㈱トッパンコミュニケーションプロダクツ、㈱トッパングラフィックコミュニケーションズ
	その他	教科書出版、旅行代理店業務など	（製造販売）東京書籍㈱ （販売・その他）㈱トッパン・コスモ、凸版物流㈱
生活・産業事業分野	パッケージ関連	軟包材、紙器、液体複合容器、ラベル、段ボール、プラスチック成形品、受託充填・コントラクトなど	（製造販売）当社、㈱トッパンインフォメディア、InterFlex Investment Holdings, Inc.、PT. KARYA KONVEX INDONESIA （製造委託）㈱トッパンパッケージプロダクツ、トッパンプラスチック㈱
	高機能・エネルギー関連	透明バリアフィルム、二次電池用関連部材、情報記録材など	（製造販売）当社、タマポリ㈱、Toppan USA, Inc.、Toppan Speciality Films Private Limited、Toppan Packaging Czech s.r.o. （製造委託）㈱トッパンパッケージプロダクツ
	建装材関連	化粧シート、壁紙、床材、エクステリア商材など	（製造販売）当社、INTERPRINT GmbH、Toppan Interamerica Inc. （製造委託）㈱トッパン建装プロダクツ
	その他	インキ製造など	（製造販売）東洋インキSCホールディングス㈱
エレクトロニクス事業分野	ディスプレイ関連	液晶カラーフィルタ、TFT液晶、反射防止フィルムなど	（製造販売）当社、㈱トッパンTOMOEGAWAオプティカルフィルム、Giantplus Technology Co., Ltd. （製造委託）㈱トッパンエレクトロニクスプロダクツ
	半導体関連	フォトマスク、半導体パッケージ製品など	（製造販売）当社、㈱トッパンフォトマスク （製造委託）㈱トッパンエレクトロニクスプロダクツ

以上述べた事項を事業系統図によって示すと，次のとおりであります。

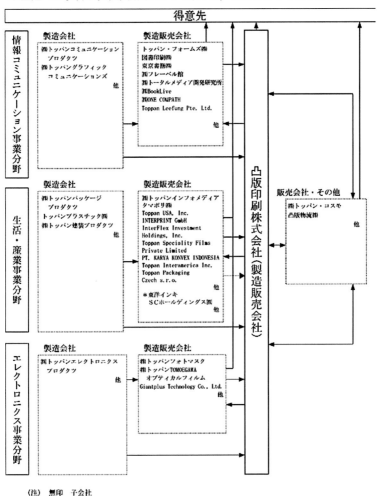

（2023年3月31日現在）

名称	住所	資本金 (百万円)	主要な事業の内容	議決権の所有割合 (%)	関係内容			
					役員の兼任	資金援助	営業上の取引	設備等の賃貸借
(連結子会社) トッパン・フォームズ㈱ ※1	東京都港区	11,750	情報コミュニケーション事業分野	100.0	有	無	フォーム印刷を分担	有
図書印刷㈱ ※1	東京都北区	13,898	情報コミュニケーション事業分野	100.0	有	無	印刷・加工を委託	有
東京書籍㈱	東京都北区	80	情報コミュニケーション事業分野	58.5	無	無	出版物の印刷加工の受託	無
㈱トッパン・コスモ	東京都千代田区	400	情報コミュニケーション事業分野	100.0	有	無	当社製品の販売及び当社の使用する材料の仕入先	有
㈱トッパンインフォメディア	東京都港区	2,500	生活・産業事業分野	100.0	有	無	印刷物を委託	有
タマポリ㈱	東京都豊島区	472	生活・産業事業分野	64.2	無	無	プラスチック製品の製造を委託	無
㈱フレーベル館	東京都文京区	50	情報コミュニケーション事業分野	100.0	有	無	出版物の印刷加工の受託	有
㈱トータルメディア開発研究所	東京都台東区	500	情報コミュニケーション事業分野	100.0	有	無	スペースデザイン等の企画等を委託	有
㈱BookLive	東京都港区	480	情報コミュニケーション事業分野	74.7	有	無	デジタルコンテンツ制作等を受託	無
㈱トッパンフォトマスク	東京都港区	400	エレクトロニクス事業分野	50.1	有	無	半導体用フォトマスクの製造及び販売	有
Toppan Leefung Pte. Ltd. ※1	シンガポール	百万S$ 275	情報コミュニケーション事業分野	100.0	有	有	無	無
Toppan USA, Inc. ※1	アメリカ合衆国ジョージア州	百万US$ 123	生活・産業事業分野	100.0	有	無	印刷・加工を委託	無
Giantplus Technology Co., Ltd. ※1※3	台湾苗栗縣頭份市	百万NT$ 4,415	エレクトロニクス事業分野	53.1	有	無	エレクトロニクス製品の仕入・販売	無
INTERPRINT GmbH	ドイツ連邦共和国アルンスベルク市	百万EUR 25	生活・産業事業分野	100.0	無	無	無	無
InterFlex Investment Holdings, Inc.	アメリカ合衆国ノースカロライナ州	US$ 3,000	生活・産業事業分野	100.0	有	無	無	無
Toppan Speciality Films Private Limited	インド共和国パンジャーブ州	百万RS 419	生活・産業事業分野	100.0	有	無	当社の使用する材料の仕入先	無
PT. KARYA KONVEX INDONESIA	インドネシア共和国ブカシ県	百万RP 768,998	生活・産業事業分野	51.0	有	無	無	無
凸版物流㈱	東京都台東区	500	情報コミュニケーション事業分野	100.0	有	無	当社製品の輸送及び保管並びに梱包業務を委託	有
㈱ONE COMPATH	東京都港区	600	情報コミュニケーション事業分野	100.0	有	無	ITサービスの開発・運営業務を委託	有
㈱トッパンコミュニケーションプロダクツ	東京都台東区	400	情報コミュニケーション事業分野	100.0	有	無	印刷・加工・製本を委託	有
㈱トッパングラフィックコミュニケーションズ	東京都台東区	300	情報コミュニケーション事業分野	100.0	有	無	印刷・企画・製版を委託	有

point 関係会社の状況

主に子会社のリストであり，事業内容や親会社との関係についての説明がされている。特に製造業の場合などは子会社の数が多く，すべてを把握することは難しいが，重要な役割を担っている子会社も多くある。有報の他の項目では一度も触れられていない場合が多いので，気になる会社については個別に調べておくことが望ましい。

名称	住所	資本金 (百万円)	主要な 事業の内容	議決権の 所有割合 (%)	役員の 兼任	資金 援助	営業上の取引	設備等の 賃貸借
東京都チャレンジドプラ ストッパン㈱	東京都板橋区	100	情報コミュニ ケーション事 業分野	51.0	有	無	製版、ソフトウェア の開発・事務代行業 務を委託	有
㈱トッパンパッケージプ ロダクツ ※1	東京都台東区	400	生活・産業事 業分野	100.0	有	無	製版・印刷・加工を 委託	有
トッパンプラスチック㈱	東京都台東区	400	生活・産業事 業分野	100.0	有	無	プラスチック製品の 製造を委託	有
㈱トッパン建装プロダク ツ	千葉県柏市	100	生活・産業事 業分野	100.0	有	無	各種建材関連の加工 及び検査を委託	有
Toppan Interamerica Inc.	アメリカ合衆国 ジョージア州	百万US$ 11	生活・産業事 業分野	100.0	有	有	当社製品の販売	無
Toppan Packaging Czech s.r.o.	チェコ共和国 プラハ市	百万CZK 1,500	生活・産業事 業分野	100.0	無	無	無	無
㈱トッパンエレクトロニ クスプロダクツ	東京都台東区	100	エレクトロニ クス事業分野	100.0	有	無	エレクトロニクス製 品の製造を委託	有
㈱トッパンTOMOEGAWAオプ ティカルフィルム	東京都台東区	1,403	エレクトロニ クス事業分野	84.9	有	無	エレクトロニクス製 品の製造を委託	有
その他　190社　　※1	–	–	–	–	–	–	–	–
(持分法適用関連会社) 東洋インキSCホール ディングス㈱　※2※4	東京都中央区	31,733	生活・産業事 業分野	19.8	無	無	無	無
丸東産業㈱　　※2※4	福岡県小郡市	1,807	生活・産業事 業分野	19.2 (0.3)	有	無	複合フィルム、単体 フィルムの仕入販売	無
その他　28社	–	–	–	–	–	–	–	–

(注) 1　主要な事業の内容欄には，セグメント情報に記載された名称を記載しております。

　　2　※1：特定子会社に該当いたします。なお，その他に含まれる会社のうち特定子会社に該当する会社はToppan Merrill USAInc.，Toppan MerrillLLCであります。

　　3　※2：有価証券報告書の提出会社であります。

　　4　※3：台湾証券取引所において株式を上場しております。

　　5　※4：持分は100分の20未満でありますが，実質的な影響力を持っているため，持分法適用関連会社としております。

　　6　議決権所有割合の（　）内は，間接所有割合を内数で記載しております。

　　7　トッパン・フォームズ（株）は，連結売上高に占める売上高（連結会社相互間の内部売上高を除く）の割合が10%を超えております。

　　　主な損益情報等　①　売上高　　　　176,883百万円

　　　　　　　　　　　②　経常利益　　　5,398

　　　　　　　　　　　③　当期純利益　　3,391

　　　　　　　　　　　④　純資産額　　　165,421

　　　　　　　　　　　⑤　総資産額　　　204,658

8 トッパン・フォームズ(株)は,2023年4月1日付でTOPPANエッジ(株)に商号変更しております。

9 上記の他に持分法適用非連結子会社が2社ありますが,重要性が乏しいため記載を省略しております。

5 従業員の状況

(1) 連結会社の状況 ･･･

(2023年3月31日現在)

セグメントの名称	従業員数(人)
情報コミュニケーション事業分野	29,415 [4,452]
生活・産業事業分野	14,724 [1,072]
エレクトロニクス事業分野	8,354 [19]
全社(共通)	1,453 [18]
合　計	53,946 [5,561]

(注)1 従業員数は,就業人員数であり,臨時従業員数は [　] 内に年間の平均人員を外数で記載しております。

2 臨時従業員には,パートタイマーを含み,派遣社員を除いております。

3 全社(共通)として記載されている従業員数は,特定のセグメントに区分できない当社の本社部門及び基礎研究部門等に所属している就業人員数であります。

(2) 提出会社の状況 ･･･

(2023年3月31日現在)

従業員数(人)	平均年齢(歳)	平均勤続年数(年)	平均年間給与(円)
10,843	43.0	13.7	7,060,291

セグメントの名称	従業員数(人)
情報コミュニケーション事業分野	5,258
生活・産業事業分野	3,045
エレクトロニクス事業分野	1,087
全社(共通)	1,453
合　計	10,843

(注)1 従業員数は,就業人員数であります。

2 平均年間給与は,賞与及び基準外賃金を含んでおります。

3 全社(共通)として記載されている従業員数は,特定のセグメントに区分できない本社部門及び基礎研究部門等に所属している就業人員数であります。

(3) 労働組合の状況 ··

　当社の労働組合として，凸版印刷労働組合があり，2023年3月31日現在における組合員数は13,459名であります。凸版印刷労働組合は当社の連結子会社である株式会社トッパンコミュニケーションプロダクツ（組合員数1,874名），株式会社トッパンパッケージプロダクツ（同1,847名），株式会社トッパンエレクトロニクスプロダクツ（同993名），株式会社トッパングラフィックコミュニケーションズ（同1,177名），トッパンプラスチック株式会社（同230名），株式会社トッパン建装プロダクツ（同262名），株式会社トッパン・コスモ（同48名），株式会社トッパンメディアプリンテック関西（同53名）のそれぞれの組合員もその構成員としており，上記の組合員数にはこれらの組合員を含んでおります。

　現在の労働協約は，2022年10月1日に締結したものであり，その主旨に従って労働条件その他に関する労使の交渉は全て経営協議会を通じて行われ，労使一体となって業績向上に邁進しております。

　その他の連結子会社の労働組合として，トッパン・フォームズ株式会社にトッパン・フォームズフレンドシップユニオン本社（2023年3月31日現在における同社組合員数1,188名），図書印刷株式会社に図書印刷労働組合（同751名）などがあり，いずれも安定した労使関係を築いております。

　凸版印刷労働組合，トッパン・フォームズフレンドシップユニオン及び図書印刷労働組合は，印刷情報メディア産業労働組合連合会（印刷労連）に，印刷労連は，日本労働組合総連合会に加盟しております。

　なお，労使関係について特に記載すべき事項はありません。

■ 事業の状況

　文中の将来に関する事項は，当連結会計年度末現在において，当社グループ（当社及び連結子会社）が判断したものであります。

（1）　会社の経営の基本方針

　当社グループは，「常にお客さまの信頼にこたえ，彩りの知と技をもとにこころをこめた作品を創りだし，情報・文化の担い手としてふれあい豊かなくらしに貢献する」ことを企業理念として掲げ，お客さまや社会とともに発展していくことを経営の基本方針としております。

　21世紀の企業像と事業領域を定めた「TOPPAN VISION21」に基づき，全社員が目的意識と価値観を共有し，新しい技術や事業の確立に挑戦するとともに，社会との関わりの中で企業倫理を遵守し環境と安全に配慮した企業活動を推進してまいります。

　「TOPPAN VISION21」の実現を通して事業領域の拡大と新たな利益の創出を図り，当社グループの永続的な発展と，株主の皆さまやお客さまはもちろん，広く社会や生活者から評価され信頼される企業を目指してまいります。

（2）　経営環境及び優先的に対処すべき課題

　トッパングループは，「Digital & Sustainable Transformation」をキーコンセプトに，中期的な経営課題を，①事業ポートフォリオ変革，②経営基盤の強化，③ESGの取り組み深化とし，次の施策を展開することにより経営資源の最適配分と有効活用を進め，事業の拡大を図ってまいります。

①　事業ポートフォリオの変革

　「事業ポートフォリオ変革」につきましては，DX，国内 SX・海外生活系，新事業（フロンティア）の3つを成長事業と位置付け，収益力の向上を目指してまいります。

　DX事業については，全社を挙げて取り組む DXのコンセプトを「Erhoeht-X（エルヘートクロス）」とし，デジタル技術と高度なオペレーションノウハウを掛け合

わせたハイブリッドな DX サービスを根幹に，データ分析，コンサルティングを含めたビジネスモデルの確立を目指します。

　国内 SX・海外生活系事業については，材料調達から廃棄までのサプライチェーンを通して，CO2排出量・プラスチック使用量削減に貢献し，脱炭素・循環型社会の実現を目指します。

　新事業（フロンティア）については，競争優位を持つテクノロジー・ビジネスモデルを核に，ヘルスケア，メタバース，センサ関連などの領域で，事業化を推進します。

② **経営基盤の強化**

　「経営基盤の強化」につきましては，事業変革の基盤を形成するため，持株会社体制への移行，人財戦略，システム基盤のモダナイゼーション，製造基盤強化などを推進してまいります。

　持株会社体制への移行については，グループシナジーの最大化を目的として，2023年10月から持株会社体制へ移行を予定しています。グループガバナンスの強化を通じた経営資源の最適配分や，迅速な意思決定を可能とする経営体制への進化を図ります。

　人財戦略については，DX や SX，グローバル事業を牽引する人財の強化に向け，新たな人財開発プログラムの導入やグループ内の人財活性化施策を推進するとともに，ダイバーシティ＆インクルージョンの実現を進めてまいります。

　システム基盤のモダナイゼーションについては，営業面，業務面の効率化・高度化を図るとともに，データドリブン型の経営を実現し，ビジネスモデル変革や新事業への迅速な対応を可能にする，有機的に繋がったグループシステムの構築を目指してまいります。

　製造基盤強化については，AI を活用した自動化・少人化，次世代 MES（製造実行システム）を活用した全体最適の実現により，「安全・安心，高品質で少人化された持続可能なスマートファクトリー」を目指します。

③ **ESG の取り組み深化**

　「ESG の取り組み深化」につきましては，サステナビリティ（持続可能性）経営推進に向け，「サステナビリティ推進委員会」を設置し，当社グループ内の ESG,

SDGsテーマの課題共有，取り組み連携を強化しております。

　SDGsへの取り組みとしては，SDGsが示す課題への事業を通じた貢献において特に注力すべき分野を特定した「TOPPAN Business Action for SDGs」のもと，これまで以上に社会から信頼される強い企業グループを目指してまいります。

　環境への取り組みとしては，2023年3月に改定した「トッパングループ環境ビジョン2050」に基づき，環境課題への取り組みをサプライチェーン全体や地域社会との協働で進めてまいります。また，「気候関連財務情報開示タスクフォース（TCFD）」の提言に沿って，リスクと機会の両面からその影響についてさらなる情報開示を進めてまいります。

　社会への取り組みとしては，「企業は人なり」という考えに立ち，一人ひとりの力を最大限に引き出すため，体系的な人財開発プログラムの構築など，従業員のスキルアップやキャリア形成支援を進めてまいります。また，「トッパングループ人権方針」に基づき事業活動全般において人権に対する取り組みを強化するとともに，「サステナブル調達ガイドライン」に基づきサプライチェーン全体で持続可能な調達活動を進めてまいります。

　ガバナンスへの取り組みとしては，政治・経済情勢の変化やサイバー攻撃の巧妙化，人権課題等を背景に多様化するリスクに対し，適切に対処することで経営に与える影響を最小化するなど，持続可能な企業経営を推進してまいります。

2　サステナビリティに関する考え方及び取組

　文中の将来に関する事項は，当連結会計年度末現在において，当社グループ（当社及び連結子会社）が判断したものであります。実際の結果は，社会動向の変化等の影響により異なる可能性があります。

　1900年の創業以来，「印刷」を原点とするあらゆる技術・ノウハウを活用した製品・サービスの提供を通じてステークホルダーであるお客さま，従業員，取引先，地域社会，株主・投資家，行政・自治体等，広く社会に関わり，社会課題の解決に寄与する事業活動を行ってまいりました。今日，気候変動に伴う災害多発や自然破壊等，環境問題の深刻化をはじめ，人権リスクや地政学リスクの高まり等，グローバル規模で問題が多発し，将来予測が困難な時代を迎えております。

当社グループは当社事業が社会に与えるインパクトを認識し，企業として責任を果たすとともに，事業を通じて社会課題を解決しながら企業価値向上を目指すサステナビリティ（持続可能性）経営を推進しております。

（1） サステナビリティ共通 ··

① ガバナンス

　当社グループは，2020年4月より代表取締役社長を委員長とするサステナビリティ推進委員会（以下，サステナ委員会）を設置しております。サステナ委員会は，コーポレートガバナンス体制の中に位置付けられ，グループ全体のサステナビリティ推進の役割を担っております。

　取締役会はサステナ委員会に，当社グループのサステナビリティ課題についての検討・審議を担当させております。サステナ委員会で検討・審議された具体的な取り組み施策は，経営会議を通じて取締役会に報告され，取締役会においてサステナビリティ経営についての総合的な意思決定を行っております。また，取締役会では，サステナビリティの取り組み施策，目標設定及び進捗について，継続的に議論・モニタリング・監督を行っております。

　サステナ委員会内に，当社グループ企業の代表取締役社長及び取締役をメンバーとするトッパングループ ESG経営推進会議を設置しており，当社グループ内のESG，SDGsテーマの課題を共有し，連携して取り組んでおります。

　サステナ委員会の下部には，部門横断で編成された SDGs推進プロジェクトとコーポレート ESGプロジェクトを設定し，各プロジェクトが連携しながら，個別テーマの対応・推進を担っております。SDGs推進プロジェクトでは主に事業活動におけるサステナビリティの取り組みを推進し，事業における SDGs貢献の注力分野「TOPPAN BusinessAction for SDGs」の活動推進と進捗確認を担っております。コーポレート ESGプロジェクトでは，主に自社活動におけるサステナビリティ課題を担当し，2022年度は，人権ワーキンググループ（以下 WG），サプライチェーン WG，TCFDWG，リスクマネジメントWGが編成され，各テーマのプロジェクトを推進しました。

　また，将来的なサステナビリティ課題について意見交換を行う場として，エグゼクティブ・サステナビリティ推進委員会を設置しております。外部有識者と当

---

point **従業員の状況**

　主力セグメントや，これまで会社を支えてきたセグメントの人数が多い傾向があるのは当然のことだろう。上場している大企業であれば平均年齢は 40歳前後だ。また労働組合の状況にページが割かれている場合がある。その情報を載せている背景として，労働組合の力が強く，人数を削減しにくい企業体質だということを意味している。

社取締役が意見交換等を行い，重要な課題についてはサステナ委員会と連携して，検討しております。

サステナビリティ推進体制

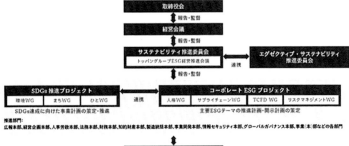

② **戦略**

当社グループは，「Digital & Sustainable Transformation」をキーコンセプトに，社会やお客さま，当社グループのビジネスを，デジタルを起点として変革させる「DX（Digital Transformation）」と，事業を通じた社会課題の解決とともに持続可能性を重視した経営を目指す「SX（Sustainable Transformation）」により，ワールドワイドで社会課題を解決するリーディングカンパニーとして企業価値向上とサステナブルな社会の実現を目指しております。その一環として，事業ポートフォリオを変革し，経営基盤の強化とサステナビリティの取り組み深化を推進しております。2023年度を初年度とする中期経営計画において，2026年3月期には「DX」「SX」関連を含む成長事業の営業利益構成が全体の50％以上となるよう変革を進めております。

SDGs貢献の観点では，2030年までの長期視点で，事業活動マテリアリティとして定めている，「環境」「まち」「ひと」の3つのテーマにおける注力分野「TOPPAN Business Action for SDGs」を中期経営計画に織り込み，中期経営計画の事業ポートフォリオ変革とも連動させております。また，事業活動マテリアリティを支える基盤として全社活動マテリアリティを設定し，「環境配慮・持続可能な生産」と「従業員の健康・働きがい」を掲げております。

こうした一連の取り組みを，「気候変動」「人的資本・多様性」「人権」「サプラ

イチェーン」というサステナビリティの重要テーマと連携させ，グループ全体で推進しております。

　当社グループでは，ワールドワイドでの社会課題解決への貢献と持続的成長のため，グローバル規模で事業を加速させており，国内だけでなく海外にも拠点・サプライチェーンが拡大していることからも，世界共通の課題となっている気候変動への対応は経営の重要課題であると認識しております。地球環境課題への長期的な取り組み方針を定めた「トッパングループ環境ビジョン2050」では，「脱炭素社会への貢献」についても設定しており，「2050年の温室効果ガス排出の実質ゼロ」に向けた取り組みを進めております。また，本ビジョンからバックキャストで検討した「トッパングループ2030年度中長期環境目標」においても，指標の1つとして温室効果ガス排出量削減を設定し，中長期視点での取り組みを進めております。

　また，当社グループは，1900年に大蔵省印刷局から独立した技術者集団が立ち上げたベンチャー企業として創業して以来,「人によるイノベーション」や「共創」は事業成長にとって必要不可欠であると考えております。事業の土台として「人間尊重」を重要な価値観としており，従業員やお客さま等の関係性を重視し，従業員を資源ではなく，会社の貴重な財産である「人財」，すなわち「人的資本」と捉えております。また，価値創造のプロセスにおいては，多様な人財が個々の属性や価値観の違いを認め，尊重し合い，多様な人財の能力を生かし互いに高め合うダイバーシティ＆インクルージョンを推進しております。人的資本・多様性は,サステナビリティ経営の重要課題であると認識しております。

　当社グループは，事業を通じて多くのお客さまに多種多様な製品・サービスを提供しており，その事業を維持・発展させるため，グローバルに広がる幅広いサプライチェーン網を有しております。当社グループが社会的責任を果たし，持続可能な社会の実現に貢献するためには,サプライチェーン全体でサステナビリティに取り組むことが必要不可欠と考えております。その中でグローバルな社会課題である人権課題についても，サプライチェーン全体で取り組むべき課題と認識しております。

(point) 業績等の概要

　この項目では今期の売上や営業利益などの業績がどうだったのか，収益が伸びたあるいは減少した理由は何か，そして伸ばすためにどんなことを行ったかということがセグメントごとに分かる。現在，会社がどのようなビジネスを行っているのか最も分かりやすい箇所だと言える。

③ **リスク管理**

　当社グループのサステナビリティ課題についてのリスク管理は，取締役会の管理のもと，本社主管部門，事業（本）部各部門とサステナ委員会の下部組織であるコーポレートESGプロジェクトの1つであるリスクマネジメントWG（責任者：リスク管理担当取締役，メンバー：本社主管部門リスク担当者，事務局：法務本部コンプライアンス部）が密接に連携して推進する総合的なリスク管理に組み込まれております。

　リスクマネジメントWGは，年1回のリスクアセスメントを実施し，当社グループの経営に重大な影響を与えるリスクを「重大リスク」として特定しております。

　「重大リスク」の特定にあたっては，本社主管部門が統括している事業（本）部各部門，子会社，グループ会社でのアセスメント結果及び中長期視点での顕在化の可能性，発生頻度やインパクトの強弱等を踏まえております。「重大リスク」は当社グループが事業を展開するグローバルな社会・経済環境の変化に加えて，気候変動に伴う環境問題，デジタル化の進展によるサイバー攻撃の巧妙化，強制労働をはじめとする人権課題等様々なグローバルリスクへの対応も含め，サステナビリティ経営推進の観点からも十分に検討されております。2023年度の「重大リスク」としては，「気候変動リスク」「事業の発展を支える人材の確保」「調達におけるリスク」「人権リスク」等を含む，25項目が選定されております。（「第2　事業の状況　3　事業等のリスク」参照）

　「重大リスク」は，サステナ委員会に報告・検討された上で，取締役会が報告を受け，取締役会の管理のもと毎年見直しされております。

　また，「重大リスク」を含む様々なリスクが顕在化しないように，本社主管部門及び事業（本）部各部門で対応策を検討し，国内外の事業活動に結びつけて適切なリスク管理を実施しております。取締役会は，そのリスクへの対応状況について，本社主管部門からリスク管理担当取締役を通じて定期的に報告されております。リスクが顕在化した場合には危機管理体制に基づき，迅速な対応が図られております。

④ **指標と目標**

　「Digital & Sustainable Transformation」をキーコンセプトとした事業ポート

フォリオ変革による持続可能な社会の実現と企業価値の向上を評価するため，成長事業「DX（Erhoeht-X）」「国内SX・海外生活系」「新事業（フロンティア）」の営業利益構成及びSDGsに対する事業貢献を定めた「TOPPAN Business Action for SDGs」にて「環境」「まち」「ひと」の3つのテーマに区分した各成長事業と連携する目標値を設定し，これらを指標としております。

　「環境」における「サステナブルパッケージの売上比率」は「生活系事業のエコプロダクツ・ソリューションの拡大」の指標として，「まち」における「生活を豊かにするサービス数（情報銀行・メタバース活用パーソナルデータプラットフォーム）」は「DX事業における安全なパーソナルデータ関連ビジネス」の指標として，「ひと」における「健康に貢献するサービス数」は「新事業における健康寿命延伸関連ビジネス」の指標としてそれぞれ位置付けております。

◇成長事業「DX（Erhoeht-X）」「国内SX・海外生活系」「新事業（フロンティア）」の営業利益構成

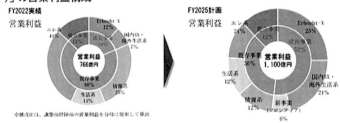

◇成長事業と連携する「TOPPAN Business Action forSDGs」

【環境】 サステナブルな地球環境	【まち】 安全安心で豊かなまちづくり	【ひと】 心と身体の豊かさとエンパワーメント
サステナブルパッケージの 売上比率[※1]	生活を豊かにするサービス数[※2] (情報銀行・メタバース活用パーソナルデータプラットフォーム)	健康に貢献するサービス数[※3]
2022年度実績：37%	2022年度実績：4	2022年度実績：15
2025年度目標：50%	2025年度目標：10	2025年度目標：20
2030年度目標：100%	2030年度目標：20	2030年度目標：30

※1 CO2削減・プラ減量化・リサイクル適正化向上に貢献するパッケージ製品を対象。目標値は単年度計画。

※2 個人情報を安全に扱うメタバース及び情報銀行のプラットフォームを活用したサービスを対象。目標値は過去からの実績値。

※3 ヘルスケア分野で付加価値を提供するサービスを対象。目標値は過去からの実績値。

（2） 気候変動 ···

　当社グループは，気候変動がグローバルで事業を展開しているグループ全体に
与える影響の大きさを認識し，気候変動を当社グループのサステナビリティ経営
における重要課題の1つとしております。金融安定理事会が設立したTCFD（気
候関連財務情報開示タスクフォース）の提言に対し，2019年に賛同を表明して
おります。2020年から提言に基づいたシナリオ分析を開始し，TCFDの提言に
沿った気候変動に関する財務インパクト及びその対応について継続して開示を
行っております。

① ガバナンス

　取締役会は，気候変動を経営戦略における重要課題の1つと認識し，気候変動
リスクと機会は事業成長のための成長投資（社会課題の解決に向けた「DX」「SX」
を柱とする事業ポートフォリオの変革を含む）として考慮しております。

　取締役会は，サステナ委員会に気候変動関連課題を担当させ，その下部組織で
あるコーポレートESGプロジェクトにおけるTCFD WG（本社関連部門及び事
業部門，当社グループ会社が参画）が取り組みを主導しております。TCFDWG
は SDGs推進プロジェクト，リスクマネジメントWGと連携して気候関連課題の
評価と対応策の取りまとめを行っております。

　取締役会は，サステナ委員会より経営会議を通じて，気候関連課題の評価や状
況，目標管理についての報告を受けるとともに，気候関連の課題を考慮し，経営
戦略の策定等について総合的な意思決定を行っております。

　取締役会は毎年4月に，「トッパングループ環境ビジョン2050」達成に向けて
設定された「トッパングループ2030年中長期環境目標」における温室効果ガス
排出量の前年度実績及び当該年度の単年度温室効果ガス排出量目標について報告
を受け，承認を行っております。2023年3月には，カーボンニュートラルの実
現に向けた全社での取り組み強化のため，「トッパングループ2030年中長期環境
目標」において1.5℃水準に向けた温室効果ガス排出量削減目標の引き上げを実
施しております。これは，当社グループがグローバルでの事業展開，M&A強化に
よる事業推進を加速していることを鑑み，バウンダリー（算定対象範囲）の適切
な見直しにも対応しております。また，「トッパングループ環境ビジョン2050」

(point) 生産及び販売の状況

　生産高よりも販売高の金額の方が大きい場合は，作った分よりも売れていることを意
味するので，景気が良い，あるいは会社のビジネスがうまくいっていると言えるケー
スが多い。逆に販売額の方が小さい場合は製品が売れなく，在庫が増えて景気が悪く
なっていると言える場合がある。

では，同じく2023年3月に生物多様性保全に向けてビジョンも新たに設定しており，今後「TNFD（自然関連財務情報開示タスクフォース）」の対応も検討してまいります。

トッパングループ環境ビジョン2050

トッパングループは，国際社会の一員として，未来を見据えた地球環境の保全に配慮した企業活動を通じ，「脱炭素社会」「生物多様性の保全」「資源循環型社会」および「水の最適利用」に貢献し，「ふれあい豊かでサステナブルな暮らし」の実現を目指していきます。

① 脱炭素社会への貢献
　Scope1+2および3における温室効果ガス排出の実質ゼロを目指します。
② 生物多様性の保全
　豊かな自然の保全と社会経済活動が両立する自然共生社会を目指します。
③ 資源循環型社会への貢献
　廃棄物のゼロエミッションを目指します。
④ 水の最適利用
　最適な水利用の実現と水質汚染防止による水質改善に貢献します。

② 戦略

　TCFD WGは，気候変動に関する重要リスク・重要機会の洗い出し，財務面のインパクト評価，その評価に基づいた対応策検討を行っております。2022年度の事業機会の検討においては，本社関連部門に加えて，事業部門及びグループ会社の事業戦略担当メンバーが参画しております。シナリオ分析の検討を各事業部門の中期計画と連動させ，より具体的なビジネスを想定した財務インパクトの評価と対応策の検討を行っております。

　シナリオ分析として，当社グループの主要事業地域である日本国内拠点に海外拠点を加え，研究開発から調達，生産，製品供給までのバリューチェーン全体に対し，1.5℃シナリオ，4℃シナリオで，2050年までの長期を想定し，考察しております。リスク及び機会の時間軸としては，短期1年以内，中期1～3年，長期4～30年以上として，当社グループの事業活動計画である年度計画，中期計画，長期ビジョンの時間軸との整合を図り，気候関連課題におけるリスクと機会について関係部門による検討を行っております。

　当社グループが認識する移行リスクとして，世界全体におけるカーボンニュートラル実現に向けたカーボンプライシング制度の規制拡大を背景に，運用コスト負担の増加等が考えられます。また，当社グループが認識する物理的リスクでは，

（point）**対処すべき課題**

　　有報のなかで最も重要であり注目すべき項目。今，事業のなかで何かしら問題があればそれに対してどんな対策があるのか，上手くいっている部分をどう伸ばしていくのかなどの重要なヒントを得ることができる。また今後の成長に向けた技術開発の方向性や，新規事業の戦略についての理解を深めることができる。

生産事業所の洪水等の浸水被害による生産停止や復旧費用の増加等が挙げられます。その対応として，再生可能エネルギーの段階的な導入等によるスコープ１＋２及びスコープ３での温室効果ガス排出量削減，防災対策の強化等に取り組んでまいります。スコープ１＋２温室効果ガス排出量削減については，2050年カーボンニュートラルに向けた移行計画を策定しております。将来を見据えた長期的視野での低炭素投資や対策の意思決定に ICP（インターナルカーボンプライシング）制度を活用し，さらなる省エネ・再エネ設備の導入を推進いたします。

　当社グループの機会として，このような変化に対し，「Digital & Sustainable Transformation」をキーコンセプトとした事業ポートフォリオ変革と連動させ，事業機会の創出・拡大を図ります。具体的には，サプライチェーンの温室効果ガス排出量削減に貢献する DX支援サービスの開発，リサイクル適性の向上や食品ロスの削減ができるサステナブルパッケージの充実化を図ってまいります。

◇重要リスク・重要機会の評価及び主な対応策

時間軸：短期1年以内，中期2〜3年，長期4〜30年以上
財務インパクト：小 10億円未満，中 10億〜100億円，大 100億円以上

シナリオ	リスク分類	社会動向の変化	リスクおよび機会	時間軸	財務インパクト	主な対応策/機会となる事業・サービス	
移行リスク・機会※1	現在の規制（炭素税，炭素排出政策）	炭素税の導入・引き上げ	化石燃料由来のCO₂排出に対する炭素税課税や排出権取引によるコスト増加	中期	中 2021年比96億円増	「トッパングループ環境ビジョン2050」に向けた中長期環境目標2030のScope+1・2GHG排出量削減活動。長期的視点の制度・再エネ新技術等のモニタリング	
		再生可能エネルギー比率の上昇	購入エネルギー価格上昇に伴う運用コスト増加	中期	小〜中	「トッパングループ環境ビジョン2050」に向けた中長期環境目標2030のScope+1・2GHG排出量削減活動。長期的視点の制度・再エネ新技術等のモニタリング	
			クリーンエネルギーに関連する市場の拡大	長期	中	EV向け電池外装材の開発・販売強化。再生エネルギー関連事業への参入	
	新たな規制	化石燃料由来プラスチックの規制強化	包材・資材のプラスチック脱離ニーズ拡大	中期	大	新たなリサイクルスキームの構築。モノマテリアル包材等のリサイクル対応商材の開発・販売強化	SX
		森林保護の強化	脱炭材，FSC認証紙の利用機会拡大	短期	小	カートカン・FSC認証関連製品（紙製品等）の利用促進	SX
	市場	原材料価格の上昇	フィルム，紙などの調達コストの増加	中期	大	サプライヤーの調査・新規開拓。代替品の検討。長期的視点の制度・市場のモニタリング	
		顧客企業のGHG削減の強化	デジタル移行に伴うペーパーメディア減少	中期	中	中期経営計画で掲げる重点施策「事業ポートフォリオ変革」の取り組み加速	
			サプライチェーン全体での顧客のGHG排出量削減ニーズ拡大	短期	大	製造DX支援（NAVINECTなど）・Hybrid BPOなどEzhoeht-X事業へのリソース強化	DX
		環境配慮型製品の需要増加	使い捨てプラスチック製品の廃棄物や削減品の需要増加	中期	小〜中	中期経営計画で掲げる重点施策「事業ポートフォリオ変革」の取り組み加速	
			低炭素・脱プラスチック製品の需要拡大	短期	大	エシカル紙包材等・サステナブルパッケージの開発・販売強化	SX
物理リスク・機会※2	急性	急性異常気象の激甚化	洪水・浸水による工場操業停止のリスク増	中期	大	長期的想定の代替生産計画の継続検討。浸水防止技術の定期的な情報収集と対応	
			洪水・浸水による化学物質の外部流出	中期	中	化学物質の流出可能性の検討と流出防止の計画・実施	
			リモート・遠隔配信ニーズ拡大による次世代通信市場の拡大	中期	中	ZETA などの通信関連事業・メタバース関連事業の創出	DX
	慢性	降水・気象パターンの変化	水使用の制約	長期	小	水使用制約に対する代替生産計画の検討。長期的視点での水利用状況および地域別水ストレス評価の実施	
		気温の上昇	食品衛生・発生ニーズの拡大	長期	小〜中	高機能バリア包材の開発・販売強化。食品ロス対策ソリューションの開発強化	SX

□ リスク ■ 機会　　DX SX 中期経営計画のキーコンセプト "Digital & Sustainable Transformation"（DX&SX）関連製品・サービス

※1 移行リスク・機会：1.5℃および4℃シナリオにおいてIEA World Energy Outlook 2021のNZE，およびSTEPS(APS)により評価
※2 物理リスク・機会：1.5℃および4℃シナリオにおいてIPCCが採用するRCP(1.5℃: RCP1.9, RCP2.6, 4.0℃: RCP8.5, RCP7.0)により評価

◇2050年カーボンニュートラルに向けた移行計画

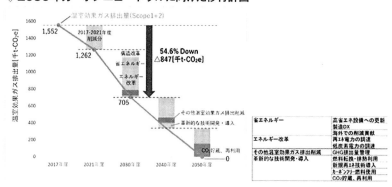

◇ICP制度概要

社内炭素価格	130USドル/t-CO2(導入時)
適用範囲・方法	設備投資によるCO2増減量に対し、社内炭素価格を適用し、CO2削減効果の高い施策に優先投資する。
ICP制度対象	CO2排出量の増減を伴う設備投資

※ ICP（Internal Carbon Pricing）：低炭素投資・対策推進に向け企業内部で独自に設定，使用する炭素価格のこと。CO2排出量1トン当たり費用を自社の基準で仮想的に費用換算し，気候変動リスクを定量化。投資判断の基準の1つとすることで，脱炭素社会に向け，低炭素設備・省エネ投資を加速させることが可能。

③ **リスク管理**

気候変動リスクは当社グループの「重大リスク」の1つに特定され，「(1) サステナビリティ共通　③リスク管理」に記載のとおり総合的なリスク管理に組み込まれております。サステナ委員会への報告にあたっては TCFD WG とリスクマネジメントWGが密接に連携しております。

TCFD WGは，気候変動関連リスクについて当社グループの事業活動及び提供する製品，サービスに対する現行規制，新規規制，技術，法制，市場，評判，急激又は緩慢な物理変化といったリスクタイプから識別し，それらのリスクタイプから想定されるリスクと機会を抽出し，それぞれの財務インパクトやブランドイメージへの影響を評価しております。また，影響評価を踏まえたリスクの対応計画の策定・推進についても担当しております。気候変動リスクの評価・対応策

の内容はそれぞれ，サステナ委員会に報告・検討された上で，取締役会が報告を
受け，気候変動リスクの管理及び管理プロセスの監督を行っております。
　（「第2　事業の状況　3　事業等のリスク　（2）気候変動リスク」参照）

④　**指標と目標**

　気候変動関連リスクへの対応を評価する指標として「トッパングループ2030
年度中長期環境目標」における「温室効果ガス排出量削減（スコープ1＋2）」を
設定，気候変動関連機会獲得への対応を評価する指標として「TOPPAN
Business Action forSDGs」における「温室効果ガス削減に貢献するサービス数」
を設定しております。

◇**トッパングループ2030年度中長期環境目標「温室効果ガス排出量削減（スコー**
**　プ1＋2）」**

温室効果ガス排出量削減(Scope1+2)
2022年度実績：2017年度比※　28.2%削減(1,115千t)
2025年度目標：2017年度比※　33.6%削減
2030年度目標：2017年度比※　54.6%削減

※2017年度排出量実績：1,552千t

※　事業のグローバル化・海外M&Aによるバウンダリー変更に対応するため，2022年度に2025年目標・
　2030年目標の見直しを行っております。

◇**気候変動への取り組みに連動する「TOPPAN Business Action for**
SDGs」

【環境】 サステナブルな地球環境

温室効果ガス削減に貢献する サービス数※
2022年度実績：29
2025年度目標：40
2030年度目標：50

※ 温室効果ガス削減を主要な提供価値とするサービス
を対象。目標値は過去からの累計数。

（3）　人的資本・多様性 ···

　当社グループは「人間尊重」「企業は人なり」の理念のもと，持続的成長と社会

---

point　事業等のリスク

　「対処すべき課題」の次に重要な項目。新規参入により長期的に価格競争が激しくな
　り企業の体力が奪われるようなことがあるため，その事業がどの程度参入障壁が高く
　安定したビジネスなのかなど考えるきっかけになる。また，規制や法律，訴訟なども
　企業によっては大きな問題になる可能性があるため，注意深く読む必要がある。

への貢献を目指し，社員と企業がともに成長できる環境，風土を整備し，新たな「知」と「技」を創出する人財を育てることを目指しております。「人財」を，会社の貴重な財産，すなわち「人的資本」と捉え，「人財」の価値を最大限に引き出すことで生まれる「人によるイノベーション」が事業成長の源泉であると考え，人事諸施策を講じ「人財」への投資を行うとともに「事業の発展を支える人財の確保」に努めております。

① **ガバナンス**

人財の採用計画の策定・人財開発プログラムの開発等の人的資本・多様性に関わる施策立案は本社人事労政本部が担当しております。取締役会は，採用計画の審議・承認をはじめ「人的資本・多様性」について報告を受け，継続的に，議論・モニタリング・監督を行っております。人財開発プログラムについては，テーマごとに担当取締役が報告を受け，承認しております。

② **戦略**

当社グループは，2023年度を初年度とする中期経営計画において，経営基盤の強化における重要なテーマとして「成長事業を牽引する人財の確保・活用・育成」を設定しております。中長期の重点施策である事業ポートフォリオ変革に向け，DX事業の推進・生活系事業の推進（SX事業・グローバル事業の展開）・新事業（フロンティア）の創出に注力しており，これを支える人財の確保や育成を重要な経営課題と認識し，当社グループの中長期的な価値創造に資する「人財」への投資や様々な人事諸施策を推進しております。

1）　人財開発プログラムの構築

人財の開発・育成にあたって，本社人事労政本部人財開発センターが，各部門の人財開発担当と連携して体系的な人財開発プログラムを構築しております。社員一人ひとりの業務やキャリアに合わせた能力開発を進めるため，学びのプラットフォームとして，多彩な人財開発プログラムを実施しております。また，当社独自の人財開発に関するR&D拠点である「人財開発ラボ」において，脳神経科学研究会やコンディション研究会等の複数の研究会を運用し，従業員の「自己革新」と，トッパンならではの新しい価値創造の実現を促す次世代型人財開発プログラムの実装を図っております。

a　DX人財の育成

　　基礎的な教育を全社員に行い，DXに関する知識を一定水準に引き上げ，デジタル時代の急速なパラダイムシフトに適応可能な人財，組織の強化を図っております。併せて，顧客を超える知識とさらなる自己研鑽が必要との認識を社員と共有し，学び続ける組織文化の醸成を図っております。また，従業員一人ひとりのキャリアプランに合わせて，最新のデジタル知識を学べるように，サブスクリプション型のデジタル教育プラットフォームも導入しております。

b　SX人財の育成

　　基礎的な教育を全社員に行い，持続可能な社会の実現に貢献するために主体的に行動できる人財の強化を図っております。また，社会課題の解決と経済的価値を両立した次世代イノベーション事業を実現する人財育成の取り組みとして，ソーシャルイノベーションプログラム，トッパングループ未来創発プログラム・アドバンス他，管理者を対象としたフィールドワーク等を実施しております。

c　グローバル人財の育成

　　年次での英語コミュニケーション能力のアセスメントを実施し，全社的な英語レベル・グローバル人財の人員数等を顕在化させ，人財投資や人財配置等に活用しております。また，外国籍社員の採用，海外グループ会社との交流を積極的に進めるとともに，海外現地法人で実務研修を行う「海外トレーニー制度」，海外駐在員候補者向けの「グローバル選抜研修」や海外ビジネススクールへの派遣等，様々な育成プログラムを展開しております。

d　次世代リーダー・新事業開発人財の育成

　　次世代リーダー・新事業開発人財としての知識・スキル・マインドを醸成するプログラムとして，社長講話や討議セッションを通して，リーダーとしてのマインド・行動力を学ぶ「礎 'sイノベーションプログラム」，経営リテラシーの向上を図り，現場視点で企業価値向上を実現できる人財の育成を目指す「次世代経営者育成プログラム」，新事業の創出に向けたフレームワークを体系的に学び，企業内起業家マインドを強化する「新事業開発人財育成プログラム」等，階層別に様々な人財育成プログラムを展開しております。

2） ダイバーシティ＆インクルージョンの推進

当社グループは，価値創造のための重要な要素の1つとして，違いを変革の原動力に変えていくダイバーシティ＆インクルージョンを重要視し，「ダイバーシティ＆インクルージョン推進方針」のもと，事業活動と一体になった取り組みを推進しております。

2019年に人事労政本部内にダイバーシティ推進室を発足させ，全体像の策定と施策の企画・立案を担い，そのもとで，各事業所のダイバーシティ推進委員が各事業所の特色にあわせて，具体的な施策を展開しております。

社員が個々の属性や価値観の違いを認め合い尊重し，一人ひとりが能力を十分に発揮できるようにするとともに，これらの力を結集して，グループの総合力を最大限に高めることを目指しております。

a　仕事と育児の両立支援，仕事と介護の両立支援

「働く意志を支援する」という考え方に基づき，多様な状況下にある従業員が仕事と生活を両立しやすい環境づくりを進めており，育児・介護休業制度や勤務短縮制度の整備，家族手当の増額等の施策を実施しております。

b　女性活躍の推進，性の多様性に関する取り組み

性別を問わず，誰もが健康に働き続けられ，能力に応じて活躍できることを基本的な考え方として，女性の活躍推進を進めております。働き方改革や両立支援制度等の環境整備を施策のベースとして，さらに，能力や意欲に基づき女性の管理職への登用を積極的に進めるポジティブアクションを推進しております。また性の多様性（SOGI・LGBTQ）への理解を促し，誰もが働きやすい職場環境を実現するため，理解促進のためのセミナー開催・同性パートナーや事実婚パートナー制度の導入等の取り組みを進めております。

3） 従業員のWell-being

当社グループは，経営戦略の実現に向けて，従業員が健康で，やりがいや働きがいを感じ，主体的に業務に取り組める環境を整備し，組織力の維持・向上を目指すことが重要だと考えております。

a　健康と安全

「健康経営宣言」「安全衛生・防火基本方針」に基づき，それぞれの取り組み

を進めております。「健康経営宣言」では，ワーク・ライフ・バランスも含め，従業員や家族の健康づくりをより一層推進するとともに，健康関連事業を通じ，世の中全ての人々の健康づくりを支援し，社会に貢献する，という2つの軸を打ち出しております。また，「安全衛生・防火基本方針」は，災害ゼロに取り組むために，社員及び契約社員をはじめとする職場で働く全ての人々を対象に，「安全は全てに優先する」を第一義に制定された方針で，ゼロ災害を目標に取り組んでおります。

　　メンタルヘルス対策についても重要視しており，会社，産業医，健康保険組合が連携し，一次予防から三次予防，さらに一人ひとりのこころとからだのコンディション向上や対話力アップ，チーム力アップといった「ゼロ次予防」を推進して，「メンタル不調者を出さない職場づくり」に取り組んでおります。

b　従業員エンゲージメント

　　従業員のやりがい・働きがいの向上に向けて，従業員エンゲージメントの状況を把握するためのサーベイを2021年度から導入しております。グループ会社を含めた24社21,000名を対象に実施しており，本調査を通じて明らかになった社員からの声をもとに，経営と現場が連携し，組織課題の解決に向けたアクションを推進しております。

4)　トッパン版ジョブ型人事処遇制度

　　当社グループは，多彩な能力・キャリアを持つ人財の適切な処遇，従業員のスキルアップ・キャリア形成，若手の抜擢，高年齢社員の活躍，チャレンジできる環境の提供等を目指し，人事諸制度の改革を進めております。

　　トッパン版ジョブ型人事処遇制度は，全職種統一の職能等級制度から職群別の要素を取り入れた等級制度に再構築し，また年功制の排除の観点から，各等級における在位年数も撤廃した制度です。社員の処遇の根幹である等級制度の改定により，多彩な能力・キャリアを持つ人財の活用が進んでおります。人事評価の指標には，新たな項目として「持続可能な社会の実現」「ダイバーシティ」「人権の尊重」「社会的価値の創造」を加え，成長や行動革新のための方向性を示すことで，組織全体のパフォーマンス向上を目指しております。

③　リスク管理

　「人的資本・多様性」の観点から，「事業の発展を支える人材の確保」「人権リスク」「火災及び労災」「労務問題に関するリスク」は，当社グループの「重大リスク」の１つに特定され，「重大リスク」にかかるリスク管理は，「(1) サステナビリティ共通　③リスク管理」に記載のとおり総合的なリスク管理に組み込まれております。当リスクについては人事労政本部が主管部門として，法務部門・製造部門等の関係部門と連携し，対応を行っております。これらのリスクへの対応状況については，定期的に，リスク担当取締役から取締役会が報告を受け，管理を行っております。

　（「第2　事業の状況　3　事業等のリスク　(6) 事業の発展を支える人材の確保，(20) 人権リスク，(21) 火災及び労働災害，(22) 労務問題に関するリスク（労働法規違反，労務トラブル等）」参照）

④　指標と目標

　ダイバーシティ＆インクルージョンを評価する指標として，管理職に占める女性管理職比率を設定しております。従業員のWell-being を評価する指標として，エンゲージメントスコア，健康リスク値，コンディション危険判定を設定しております。

	管理職に占める女性管理職比率[※1]	エンゲージメントスコア[※2]	健康リスク値[※3]	コンディション危険判定[※4]
2021年度実績	-	69.8ポイント	102ポイント	21.1ポイント
2022年度実績	12.2%	70.6ポイント	101ポイント	22.6ポイント
2025年度目標	14.7%	21年度比+5ポイント（74.8ポイント）	21年度比+6ポイント（108ポイント）	21年度比+4ポイント（25.1ポイント）

※1 海外含む連結対象全社

※2 国内連結対象 2021年度は23社，2022年度は24社。組織で従業員が体験する事柄に対し期待と実感のギャップを測定，分析したスコア

※3 国内連結対象33社。ストレス判定にて算出したスコア

※4 国内連結対象33社。当社独自開発の「3Dストレスチェック＆ケア[*]」によって算出した「コンディションスコア」

(4)　人権

　当社グループは，事業の土台となる基本精神は「人間尊重」であると考え，「TOPPAN VISION21」における社員の考え方や行動のあり方を定めた「行動指針」においても，「人権を尊重する」と明記しております。また，2006年から国連「グ

ローバル・コンパクト」に参加し，人権と労働に関わる６つの原則を支持しております。

　2021年に事業活動全般において基本的人権を尊重し「社会的価値創造企業」としてさらに進化していくため，「トッパングループ人権方針」を策定し，人権に対しての取り組みを強化しております。

① **ガバナンス**

　「トッパングループ人権方針」において，当社グループの人権尊重の取り組みについては，取締役会が監督し，人事労政本部の担当責任者が実施の責任を担うことを表明しております。

　取締役会は，サステナ委員会に人権尊重の取り組みを担当させ，その下部組織であるコーポレート ESG プロジェクトにおける人権 WG（人事労政本部が主管，担当取締役が監督）が取り組みを主導し，人事労政本部，法務本部，製造統括本部等の部門が連携して，当社グループ全体で人権尊重の取り組みを推進しております。

　取締役会は，年に一度，人権尊重に係る重要案件・課題について，サステナ委員会で検討・審議された活動内容について経営会議を通じて報告を受けており，取り組みの目標設定及び進捗を議論・モニタリング・監督しております。人権課題に関する事象（労働災害・火災，ハラスメントの発生等）が発生した場合は，社内関係部門による対応策を含め，取締役会が報告を受け，対応について議論・決議を行っております。

② **リスク管理**

　人権リスクは当社グループの「重大リスク」の１つに特定され，「（1）サステナビリティ共通　③リスク管理」に記載のとおり総合的なリスク管理に組み込まれております。

　サステナ委員会への報告にあたっては人権 WG とリスクマネジメントWGが密接に連携しております。

　人権WGは，人権リスクについての識別・評価，その影響評価を踏まえた対応計画の策定・推進を担当しております。人権リスクの評価・対応策の内容はそれぞれ，サステナ委員会に報告・検討された上で，取締役会が報告を受け，人権リ

<point> **財政状態，経営成績及びキャッシュ・フローの状況の分析**

　「事業等の概要」の内容などをこの項目で詳しく説明している場合があるため，この項目も非常に重要。自社が事業を行っている市場は今後も成長するのか，それは世界のどの地域なのか，今社会の流れはどうなっていて，それに対して売上を伸ばすために何をしているのか，収益を左右する費用はなにか，などとても有益な情報が多い。

スクの管理及び管理プロセスの監督を行っております。

（「第2　事業の状況　3　事業等のリスク　(20) 人権リスク」参照）

③　**施策**

1）　人権デューデリジェンスプロセス

　当社グループは，「ビジネスと人権に関わる指導原則」を支持するとともに，人権デューデリジェンスの重要性を認識しております。リスク評価に当たっては，「国際人権章典」，国際労働機関 (ILO) の「労働における基本的原則及び権利に関する ILO 宣言」，賃金や労働時間等労働者の人権に関する条約等の人権に関わる国際規範を支持し，その観点での人権デューデリジェンス体制を構築しております。

　当社グループは，人権リスクの発生が，レピュテーションリスクや法務リスク，財務リスク等の経営に関するリスクにも繋がる可能性があることを認識し，当社だけでなく国内外のグループ会社やステークホルダーへの人権リスク評価を実施し，軽減・是正に向けた取り組みを行い，人権デューデリジェンスプロセスのPDCAサイクルを回しております。

a　負の影響の特定

　　人権デューデリジェンスプロセスの第一歩として，負の影響の特定を実施しております。当社事業の特性や同業者の動向，国際的な人権基準をもとに，「人権リスク重要度評価」を行い，人権課題を整理・評価しました。その結果，当社の人権リスクを「強制労働・人身取引」「差別」「非人道的な扱い」「プライバシーに対する権利」「グループ全体の人権ガバナンス」と特定しております。加えて，当社の国内外グループ会社に対して，人権リスク調査として国内1社，海外1社のヒアリング調査を実施し，人権リスク特定の精度向上を図っております。今後も継続的に国内外グループ会社に対し，現地調査を含めた人権リスク調査を実施し，負の影響の特定に向けた取り組みを推進いたします。

b　負の影響の防止・軽減

　　特定された負の影響の防止・軽減に向け，当社グループにおける人権リスク調査の全体周知やベストプラクティスの共有により，人権尊重の取り組みに対する意識の醸成・浸透を図っております。

　　人権尊重の基本的な考え方の理解に加え，上記調査で特定された個別課題（ハ

ラスメント，ダイバーシティ＆インクルージョン，労働安全衛生等）に対する理解を深める全従業員を対象とした研修を毎年実施し，人権尊重の取り組みの具体的対応についても周知徹底をしていきます。

2）労働者の人権

労働における人権については，当社と凸版印刷労働組合が，労使関係の安定と労働条件の維持改善，企業の平和を確保するために労働協約を締結し，労使の基本的な考え方，組合活動や労使交渉のルール，賃金・労働時間等の労働条件を定めております。凸版印刷労働組合は，当社と当社連結子会社8社の組合員で組織されており，労働協約の債務的部分（組合活動や労使交渉のルール）は，9社共通の内容で締結しております。

適正な賃金の支払いについては，当社グループでは，各国の最低賃金を定めた法令に従い，現地の生活物価を踏まえ，従業員に適正な給与を支払うことを遵守しております。加えて，金銭的報酬はもちろん，法令で定める福利厚生を提供することに加え，働きがいの向上や自己実現・キャリア開発に対する会社の支援・サポート等の非金銭的報酬についても配慮しております。

（5）サプライチェーン

当社グループは，企業が社会的責任を果たし，持続可能な社会の実現に貢献するためには，サプライチェーン全体で CSR 調達に取り組むことが重要であると考え，サプライヤーや協力会社の皆さまとともに「CSR 調達ガイドライン」に沿った活動を進めてまいりました。近年，企業の人権課題，労働安全衛生，環境等の取り組みについて，社会的な関心や要求が高まり，サプライチェーンマネジメントとして，より具体的かつ幅広い対応が求められていると認識し，2022年1月に「トッパングループ CSR 調達ガイドライン」（2007年制定，2014年に第2版に改訂）の内容を改訂し，その名称を「トッパングループサステナブル調達ガイドライン」に変更しました。サプライチェーン全体に本ガイドラインを周知し，運用，監査，是正するサイクルを回し，サプライヤーや協力会社の皆さまと協力して持続可能な調達活動をさらに推進してまいります。

ⓟⓞⓘⓝⓣ 設備投資等の概要

セグメントごとの設備投資額を公開している。多くの企業にとって設備投資は競争力向上・維持のために必要不可欠だ。企業は売上の数％など一定の水準を設定して毎年設備への投資を行う。半導体などのテクノロジー関連企業は装置産業であり，技術発展のスピードが速いため，常に多額の設備投資を行う宿命にある。

① **ガバナンス**

　取締役会は，サステナ委員会にサステナブル調達の取り組みを担当させ，その下部組織であるコーポレート ESG プロジェクトにおけるサプライチェーン WG（製造統括本部が主管，担当取締役が監督）がグループ全体で進める体制を構築しております。取り組みは製造統括本部，事業部門管理部門が中心となり，当社グループ全体の関係部門と連携して行っております。

　取締役会は，サステナブル調達に係る重要案件・課題について，サステナ委員会で検討・審議された活動内容について経営会議を通じて報告を受けており，取り組みの目標設定及び進捗を議論・モニタリング・監督しております。サステナブル調達課題に関する事象が発生した場合は，社内関係部門による対応策を含め，取締役会が報告を受け，対応について議論・決議を行っております。

② **リスク管理**

　調達に関するリスクは当社グループの「重大リスク」の１つに特定され，「(1) サステナビリティ共通　③リスク管理」に記載のとおり総合的なリスク管理に組み込まれております。サステナ委員会への報告にあたってはサプライチェーン WG とリスクマネジメント WG が密接に連携しております。

　サプライチェーン WG は，調達に関するリスクについての識別・評価，その影響評価を踏まえた対応計画の策定・推進を担当しております。調達に関するリスクの評価・対応策の内容はそれぞれ，サステナ委員会に報告・検討された上で，取締役会が報告を受け，調達に関するリスクの管理及び管理プロセスの監督を行っております。

　（「第2　事業の状況　3　事業等のリスク　(17)調達におけるリスク」参照）

③ **施策**

　サステナブル調達ガイドラインをサプライチェーン全体に周知し，その運用及び監査，是正するサイクルを回すことで，サプライヤーや協力会社と協働し，サステナブル調達の取り組みを加速し，サプライチェーンの質的向上を図ってまいります。

　2022年度は，サプライヤー・協力会社に対してサステナビリティに関わる国別リスク・業種別リスク・アンケート調査等によるリスク調査を行い，分析を踏

---

point **主要な設備の状況**

　「設備投資等の概要」では各セグメントの1年間の設備投資金額のみの掲載だが，ここではより詳細に，現在セグメント別，または各子会社が保有している土地，建物，機械装置の金額が合計でどれくらいなのか知ることができる。

まえ，リスクの軽減・是正に向けた取り組みを協働で行うデューデリジェンスプロセスの PDCA サイクルをスタートさせております。その他，「トッパングループサステナブル調達ガイドライン」説明会の実施，サステナブル調達基準の自己評価アンケート，「トッパングループサステナブル調達ガイドライン」の協力同意締結，事業継続に関わる取り組み状況の確認等を実施しております。

3　事業等のリスク

　有価証券報告書に記載した事業の状況，経理の状況等に関する事項のうち，投資家の判断に重要な影響を及ぼす可能性のある事項には，以下のようなものがあります。なお，文中の将来に関する事項は，当連結会計年度末現在において，当社グループ（当社及び連結子会社）が判断したものであります。

(1)　地震，風水害等の自然災害，感染症による人的・物的被害 ‥‥‥‥‥‥‥‥
（リスクの概要）

　当社グループでは，地震，台風等の自然災害の発生や感染症拡大の影響により，事業所の設備や従業員等が大きな被害を受け，その一部又は全部の操業が中断し，生産及び出荷が遅延する可能性があります。また，損害を被った設備等の修復のために多額の費用が発生し，結果として，当社グループの事業活動，業績及び財政状態に影響を及ぼす可能性があります。

（主なリスク対応策）

　当社グループでは災害が発生した際に，従業員の安全を確保し，事業活動への影響を最小限に留めるために，事業継続計画（BCP）を策定しています。また，全社体制と対応手順を「災害対策基本計画」にまとめ，毎年見直しを行っています。事業継続マネジメント（BCM）活動を進めるにあたっては，本社法務本部内に設置されたBCP推進室が中心となり，本社各本部及び全国の事業（本）部に配置したBCP推進担当者と活動を行っております。また，BCPにおけるサプライチェーンの重要性を鑑み，その強化を目的として，外部講師による取引先向けの勉強会を年に1回開催しております。なお，厳格な事業継続が必要とされる事業については，ISO22301の認証を取得し，継続的なPDCA活動に基づき改善を進めております。

（2） 気候変動リスク

（リスクの概要）

「第2　事業の状況　2　サステナビリティに関する考え方及び取組　（2）気候変動」にも示しましたように年々深刻さを増す気候変動の影響は大きく，環境規制の強化・低炭素な事業活動や代替素材利用への要請といった「移行リスク」と，洪水などの激甚災害による事業所罹災・サプライチェーン寸断による調達停滞といった「物理的リスク」それぞれに適切に対応できなかった場合，当社グループの業績に影響を及ぼす可能性があります。

（主なリスク対応策）

当社グループでは，サステナビリティ推進委員会が対応策のとりまとめを行っています。「移行リスク」については，環境規制の要求水準より高いレベルの温室効果ガス排出抑制に向けて SBT 認証を受けた削減目標を設定し，省エネ活動や再生可能エネルギーの導入で PDCA を回しています。「物理的リスク」については，BCP 対策として罹災に対する備え，被害の軽減策（防風，防水），製造と調達のバックアップ体制構築による供給体制の維持継続を行っています。

気候変動リスクでは，長期的な視点でリスクを分析し，対策を進めています。

（3） 印刷事業の特性

（リスクの概要）

当社を取り巻く市場環境は，社会のグローバル化や情報技術の革新，ネットワーク化の進展の他，地球環境保全や人権問題などサステナブルな社会の実現に向けたニーズも高まり，大きく変化しております。これらの市場環境変化に対する施策が不十分である場合には，当社グループの業績に影響を及ぼす可能性があります。

（主なリスク対応策）

既存印刷事業の需要が減少する中，DX事業，国内 SX・海外生活系事業，新事業（フロンティア）の3つを成長事業に掲げ，事業ポートフォリオの変革を推進しております。具体的には，DX事業においては，顧客企業の BX（ビジネス・トランスフォーメーション）に貢献するデジタルマーケティングの推進の他，デ

ジタル技術と高度なオペレーションノウハウを掛け合わせたハイブリッド BPO の事業展開及び海外セキュア事業の拡大を図ってまいります。国内 SX・海外生活系事業においては，バリアフィルムを活用したサステナブル包材のグローバル事業拡大に加え，SX商材の開発・拡販やプラスチックリサイクルスキームへの実証参画など CO_2 排出量やプラスチック使用量削減に貢献してまいります。新事業（フロンティア）においては，競争優位を持つテクノロジー・ビジネスモデルを核に，ヘルスケア，メタバース，センサ関連などの領域で，事業化を推進してまいります。

(4) 戦略的提携，投資及び企業買収に関するリスク …………………………

（リスクの概要）

　当社グループは，他社との戦略的提携，合弁事業，投資を通して，多くの事業を推進しており，将来におきましても，他の企業を買収する可能性があります。このような活動は，新技術の獲得，新製品の発売，新規市場参入のためには重要です。しかし，様々な要因により，提携関係を継続できない場合や，当初期待した効果を得られない場合には，業績に影響を及ぼす可能性があります。

（主なリスク対応策）

　当社グループは，各投資の実行に際しては，少額出資検討会，投資契約検討会，経営会議等の承認プロセスを経て投資判断を行っており，出資等の実行後も定期的にモニタリングを実施しております。また，特に出資先がスタートアップ企業や海外の企業等の場合は，必要に応じて外部の調査機関も活用し，十分なデューデリジェンスを行った上で投資を実行しております。しかしながら，当初想定通りの効果（回収）が得られないと判断された投資案件は，改善プランを策定し，改めてリスク等の精査に基づく挽回策を実施しておりますが，その上でなお成果が得られないと判断した場合は，株式売却や清算等もやむなく実施してまいります。こうしたケースは知見やノウハウを蓄積するための重要な機会であり，内容の精査・原因分析を通じて次の投資検討案件へのリスク低減と成功確率を高める活動へ繋げてまいります。

(5) 研究開発に関するリスク ··

(リスクの概要)

　当社グループの研究開発活動につきましては，「第2 事業の状況 6 研究開発活動」に記載のとおりであります。当社グループは，各事業分野の新商品開発をはじめ，コストダウン，品質ロスミス削減へ向けての研究開発，さらに産官学との連携を図りながら中長期の収益の柱となる新規事業の創出のための研究開発にも投資をしております。しかしながら，予測を超えた市場の変化，投資先・アライアンス先の業績悪化，事業化や上市のタイミングの遅れなどにより，研究開発投資が十分な成果をもたらさなかった場合には，当社グループの業績に影響を及ぼす可能性があります。

(主なリスク対応策)

　当社グループの研究開発は，総合研究所を中心に行っております。研究開発テーマに関しては，中長期スケジュールのもと，細かな進捗確認，ステージアップ判断，リスク把握などを行い，課題遂行の遅延の防止を図っております。また，市場環境や技術動向，競合他社特許などの調査・分析を定期的に行い，研究開発テーマの方針変更の要否やテーマ継続の可否を適切に判断し，開発リソースの最適化を図っております。

(6) 事業の発展を支える人材の確保 ··

(リスクの概要)

　「第2 事業の状況 2 サステナビリティに関する考え方及び取組 (3) 人的資本・多様性」にも記載したように，当社グループが将来にわたり事業を発展させていくためには，既存製品における高品質化と，高度な新技術導入による新製品・新サービスの開発が重要であると認識しております。そのためには，高度な技術力・企画提案力を有した優れた人材が不可欠です。当社グループは計画的な人材の採用と育成に向けた教育に注力しておりますが，優秀な人材を確保又は育成できなかった場合には，当社グループが将来にわたって成長し続けていくことができない可能性があります。

（主なリスク対応策）

　当社グループでは，効果的な採用広報により，当社グループに関心を持つ人材の母集団形成を図るとともに，新卒採用と経験者採用の両面において様々な採用チャネルを構築し，幅広い領域の人材を採用しております。また，社内の人材開発プログラムを常に更新し，基礎的能力から実践的スキルまで一貫して習得する場を提供し，事業を牽引する人材を育成している他，人事処遇や働き方の改革により従業員のエンゲージメント向上に努めています。さらに，成長事業への人材シフトやローテーションにより，人材面からの事業基盤強化を進めております。

(7)　円滑な資金調達 ··

（リスクの概要）

　当社グループは，事業の拡大や急速な技術革新に対応するために，事業投資や設備投資を必要としております。これらの投資に向ける資金調達につきましては，事業計画に基づき外部から調達する場合もありますが，金利情勢の大幅な変化等により適正な条件で必要十分な追加資金を調達することができない可能性があります。

（主なリスク対応策）

　当社グループは，事業計画に基づく資金調達を円滑に遂行するため，資金調達手段と調達期間を適切に分散しています。

　また，有事の際においても事業継続に必要な資金調達を可能とするため，格付けの維持にも資する健全な財務体質の維持・強化に努めています。さらに，金融市場の動向に関する最新の情報と事業環境の分析に基づき，資金計画の見直しを適時に行っております。

(8)　グループ統制に関するリスク ·····································

（リスクの概要）

　当社グループは，国内外に多くのグループ会社を持つことから，グループ統制が重要であると認識しております。そのため，財務報告に係る内部統制を含め，「内部統制システム構築の基本方針」に基づき，内部統制システムを整備・運用をし

---

point 設備の新設，除却等の計画

　ここでは今後，会社がどの程度の設備投資を計画しているか知ることができる。毎期どれくらいの設備投資を行っているか確認すると，技術等での競争力維持に積極的な姿勢かどうか，どのセグメントを重要視しているか分かる。また景気が悪化したときは設備投資額を減らす傾向にある。

ておりますが，グループ会社が行なった経営上の意思決定に際し，結果的に法令違反や巨額の損失が発生した場合には，当社グループの社会的信用を失墜し，業績に影響を及ぼす可能性があります。

（主なリスク対応策）

　当社グループは，グループ会社の事業運営の独立性と自立性を尊重しつつ，グループ会社の取締役の職務執行の適正を確保するため，「関係会社管理規程」において，管理項目ごとに報告等の手続き方法を定め，報告を受けることとしております。

　また，当社グループは，コンプライアンス基本規程として「トッパングループ行動指針」を定め，この周知徹底を図ることで従業員の職務執行の適法性を確保しております。そのために，本社法務本部コンプライアンス部を中心に，グループ会社の法務部門等と連携し，グループ全体の法令遵守と企業倫理の確立を図るとともに，行動指針推進リーダー制度を導入し，各職場での浸透活動を展開しております。

　さらに，当社の内部監査部門が，定期的に当社各事業部及びグループ会社における業務執行状況を監査し，その結果を代表取締役，取締役会，監査役会及びグループ会社の取締役等に直接報告しております。

（9）　厳しい市場競争及び価格競争 ··

（リスクの概要）

　当社グループは，継続的に新製品や新サービスを開発・販売するとともに，既存製品のコストダウンに努めておりますが，競合関係にある企業との製品開発競争や価格競争が近年激しくなっております。当社グループの製品及びサービスが市場における優位性を維持できない場合や，激しい競争によって価格の下落を招いた場合には，当社グループの業績に影響を及ぼす可能性があります。

（主なリスク対応策）

　あらゆる分野でデジタル化が加速する中，当社グループは DX 事業領域へのリソース投入を進め，当社保有技術の棚卸やアライアンスも含めた開発力を強化してまいります。マーケティングテクノロジーを活用した得意先のビジネス変革支

(point)　株式の総数等

　発行可能株式総数とは，会社が発行することができる株式の総数のことを指す。役員会では，株主総会の了承を得ないで，必要に応じてその株数まで，株を発行することができる。敵対的 TOB では，経営陣が，自社をサポートしてくれる側に，新株を第三者割り当てで発行して，買収を防止することがある。

援である BX の推進，デジタル技術と高度なオペレーションノウハウを掛け合わせたハイブリッド BPO の構築など，得意先のバリューチェーン全体に対して積極的に参入する機会を創出し，市場競争力の維持・向上を図ってまいります。また，世界的なサステナブルニーズの高まりを受け，優位性を保持しているバリアフィルムなど，サステナブル包材のモノマテリアル化を進め，グローバル市場への販路を拡大します。

　一方，既存事業や構造改革事業は，AI を活用した自動化・少人化設備の導入などのスマートファクトリーを推進する他，拠点の集約，設備の圧縮などを進めております。また，RPA（ロボティックプロセスオートメーション）や AI を活用した営業部門，間接部門の業務効率化や，不採算取引の見直し等，総合的な改善活動を進めてまいります。なお，改善が進まないと判断された不採算，低収益事業は，撤退・縮小も見据えた事業ポートフォリオの見直しも行ってまいります。

（10）　資産管理の不備による不良棚卸資産発生・長期在庫化等 ⋯⋯⋯⋯⋯

（リスクの概要）

　環境変化による需要の減少等で市場価格が大きく下落した場合や，経年劣化した場合は，棚卸資産の評価損が発生し，当社グループの業績に影響を及ぼす可能性があります。

（主なリスク対応策）

　営業部門，製造部門，管理部門が連携し，販売促進による回転効率の向上及び棚卸資産の品質と管理状況の定期的なチェックによる品質の保持を徹底することで，不良棚卸資産発生と長期在庫化のリスク回避に努めております。

（11）　債権関連事故（不良債権発生・得意先倒産等） ⋯⋯⋯⋯⋯⋯⋯⋯⋯⋯

（リスクの概要）

　当社グループは，多種多様な業界の得意先と取引をしておりますが，各業界の業況悪化を通じた得意先の経営不振等により，多額の債権の回収が困難となった場合には，当社グループの業績に影響を及ぼす可能性があります。

連結財務諸表等

　ここでは主に財務諸表の作成方法についての説明が書かれている。企業は大蔵省が定めた規則に従って財務諸表を作るよう義務付けられている。また金融商品法に従い，作成した財務諸表がどの監査法人によって監査を受けているかも明記されている。

（主なリスク対応策）

　当社グループは，与信管理規程に基づき，取引先ごとに与信限度額を設定するとともに，定期的な与信の見直しを行っております。加えて，回収遅延や信用不安が発生した場合には，迅速に債権保全策を講じ，貸倒リスクの回避に努めております。

（12）　市場性のある有価証券における時価の変動 ·······························

（リスクの概要）

　当社グループは，市場性のある有価証券を保有しております。従って，株式市場及び金利相場等の変動によっては，有価証券の時価に影響を与え，当社グループの業績及び財政状態に影響を及ぼす可能性があります。

（主なリスクの対応策）

　当社は，保有する政策保有株式について，事業運営面と投資資産としての価値の両面から総合的に分析し，保有の合理性について定期的に検証を行うとともに，保有先の財務状況等を把握することでリスクの低減に努めております。

　また，その状況については取締役会へ報告するとともに，取締役会においては検証結果をもとに保有継続，売却の判断を行っており，保有意義の薄れた銘柄については売却を進めるなど縮減を図る方針としております。

（13）　外国為替相場の変動 ···

（リスクの概要）

　国内印刷市場の成熟化が進んでいる中，海外市場での事業が拡大しておりますが，海外現地法人において現地通貨で取引されている収支の各項目は，連結財務諸表を作成する際に円に換算されるため，結果として換算する時点での為替相場の変動に影響される可能性があります。

　また，為替相場の変動は，当社グループが現地で販売する製品の価格，現地生産品の製造・調達コスト，国内における販売価格にも影響を与えることが想定されます。そのような場合には，当社グループの業績に影響を及ぼす可能性があります。

（point）**連結財務諸表**

　ここでは貸借対照表（またはバランスシート，BS），損益計算書（PL），キャッシュフロー計算書の詳細を調べることができる。あまり会計に詳しくない場合は，最低限，損益計算書の売上と営業利益を見ておけばよい。可能ならば，その数字が過去5年，10年の間にどのように変化しているか調べると会社への理解が深まるだろう。

（主なリスク対応策）

　当社グループでは，為替相場の変動について，リスク管理のガイドラインを制定し，グループ全体で為替リスクの軽減に努めております。事業の中で発生する為替変動リスクは取引の中で極力吸収することに努めるとともに，為替予約等のヘッジ手段も適宜活用しながら為替変動リスクを最小化することに努めております。

（14）　情報セキュリティにおけるリスク（サイバー攻撃，情報漏洩） ·············
（リスクの概要）

　当社グループでは，事業の一環として得意先から預託された機密情報や個人情報の収集・保管・運用を行っております。特に，BPO事業につきましては，政府・地方自治体や企業等のアウトソーシング需要の取り込みにより，取り扱う情報量が増加しております。また，当社グループが推進するDXにおきましては，データの収集・分析を通じた製品・サービスの提供をビジネスモデルとして実施しており，個人情報を含む情報の利活用を進めております。

　DXを推進し，得意先の重要情報を取り扱う当社グループにとって，サイバー攻撃，及び当社グループ社員もしくは業務の委託会社等の不正行為等による情報の不適切な取り扱いや情報漏洩の発生は，特に重大なリスクであると認識しております。標的型メールランサムウェア攻撃をはじめとして，最近ではテレワークやオンライン会議の脆弱性をついたサイバー攻撃が急増し，攻撃手法も高度化・巧妙化しております。万一サイバー攻撃や不正行為等により情報漏洩やデータの破壊・改ざん，システム停止，サービス停止などの被害が生じた場合には，当社グループの社会的評価が悪影響を受け，業績及び財政状態に影響を及ぼす可能性があります。

（主なリスク対応策）

　機密情報や個人情報を含む重要な情報については，厳重な情報セキュリティ管理体制により管理しております。具体的には，当社グループにおいては，トッパングループ情報セキュリティ基本方針のもと，国内外の法規制及び情報セキュリティに関する規格をもとにした規定を定め，法改正等に合わせた規程類の改定整

備や，トッパングループ各社のセキュリティ成熟度の評価・改善指導を適宜行っております。また，従業員等に対しても定期教育により当該規程類の周知を図るとともに，内部監査及び委託先監査による遵守状況の確認，改善指導を行っております。

外部からのサイバー攻撃等による情報漏洩やシステム停止に対する対策としては，端末上におけるウイルス等の振る舞い検知システムの導入やネットワーク監視を実施する等の技術的な対策を実施するだけではなく，標的型攻撃メールや各種インシデントへの対応，開発部門や製造部門等の特定部門での対応力強化のための教育など，全従業員教育に加え，各職種・各階層に合わせた教育を実施し，教育，訓練・演習，診断，教育というサイクルを回しながら定着を図っております。

また，重要情報を取扱うエリアを限定しかつ業務監視を行うなど漏洩対策を実装し，適宜強化・最適化を行っております。さらにサイバー脅威情報を収集・評価・分析し対策に反映させる運用体制を整備するとともに，インシデント対応のための CSIRT 機能（Computer Security Incident Response Team）として「TOPPAN-CERT」（トッパングループ全体を対象）及び「TOPPAN Edge CSIRT」（TOPPAN エッジグループを対象）を設置し，他社 CSIRT や関係機関と連携してサイバーリスク低減に取り組んでまいります。

（15）ITシステムの停止に関するリスク（生産ライン，デジタルサービス等）…
（リスクの概要）

当社グループでは，当初より電子出版をはじめとした印刷のデジタル化を推進してまいりました。そのノウハウをコンテンツ制作に活かし，デジタルとリアルが融合したソリューションの提供や社会インフラのデジタル化など，さまざまなデジタルサービス事業を展開しております。また，製造工程においても，多様な生産装置や IoT デバイスからのリアルタイム情報を分析・活用することでスマートファクトリーを実現し高レベルな品質管理を行っており，ITシステムの役割は極めて重要であると考えております。

当社グループでは，生産ラインを稼働させる重要な環境として，またデジタルサービス事業の提供環境として IT システムの安定稼働に向けた強化が必要と考え

ており，万一の障害や事故に備え，システムの冗長化やバックアップ体制の整備などを行っております。しかしながら，安定稼働していたシステムにおいても，機器故障や人的ミスの発生，そのバックアップシステムが正常に稼働しない等により，生産ラインやデジタルサービス事業などの突発的な停止が引き起こされることがあり得ます。万一このような事態が生じた場合には，社会的信頼を失うばかりか，当社グループの業績に影響を及ぼす可能性があります。

（主なリスク対応策）

当社グループでは，重要なITシステム構築時のガイドラインを策定し，システム停止が発生しないよう対策を講じるとともに，停止が発生した際の業務影響範囲の確認，復旧優先度や復旧手順の確認及び訓練の実施など，万一システム停止が発生した際の被害の最小化並びに早期復旧に向けた取り組みを定期的に実施しております。

（16） 製品の品質に関するリスク

（リスクの概要）

生産活動におきましては，品質管理上，十分な注意を払い全ての製品について品質事故やクレームを発生させないための対応を図っておりますが，将来にわたっては品質事故が発生することで業績に影響を及ぼす可能性があります。特に安全性が損なわれた製品が市場に流出した場合，当該製品を販売する得意先と連携し，製品の自主回収を行うこととなります。その場合，多額の回収費用や賠償費用が発生する他，社会的な信用を失い，当社グループの事業活動に影響を及ぼす可能性があります。

（主なリスク対応策）

当社グループでは，「製品の安全管理についての基本方針」のもと，各事業においてISO9001に基づく品質マネジメントシステムを構築し，品質管理の徹底・継続的改善を行い，製品の品質事故防止に取り組んでまいります。

万一重大な品質事故が発生した場合，本社製造統括本部品質保証センターが中心となり，原因の追究及び対策の指導を全社的に水平展開し，再発の防止に努めております。

また，特に安全衛生面で高い品質保証が求められる食品関連事業・ヘルスケア関連事業に対しては，本社が制定する品質保証ガイドライン及び品質監査チェックシートに基づく監査を実施し，製造を許可する認定制度を採用して，品質事故の未然防止に努めてまいります。

(17) 調達におけるリスク

(リスクの概要)

「第2 事業の状況 2 サステナビリティに関する考え方及び取組 (5) サプライチェーン」にも記載のとおり，当社グループは，サステナブル調達の取り組みを進めており，事業に使用する用紙，インキ，ガラスといった原材料やエネルギーを外部の取引先から調達しております。事業活動を維持するためには，十分な量の原材料やエネルギーを適正な価格で安定的に確保することが重要ですが，取引先の被災や倒産，事故や人権問題，環境規制違反，地政学リスクによる混乱などにより，供給の中断，供給量の大幅な不足や納期の遅延，原材料やエネルギー価格の高騰などが起こる可能性があり，そのような場合には，当社グループの業績に影響を及ぼす可能性があります。

(主なリスク対応策)

当社グループでは，社会の要請や国際規格などを鑑み，原材料やエネルギーなどの安定した持続可能な調達（サステナブル調達）を行うためのガイドライン「トッパングループサステナブル調達ガイドライン」を策定しています。サプライヤーの皆さまと密接に連携し，このガイドラインの浸透を図るとともに大規模災害発生時の事業継続の取り組み状況や，人権・労働・環境・腐敗防止への取り組み状況等を定期的に確認し，サステナブル調達を推進しています。

また，エネルギー調達については，太陽光や風力といった再生可能エネルギーの導入に向けた取り組みを強化するとともに，複数のエネルギー供給元を確保するなどリスク分散をしています。

さらに，当社グループの調達に関わるサプライヤーからの通報窓口として「サプライヤーホットライン」を当社のコーポレートWebサイト上に設置し，サプライヤーとの信頼関係を構築し安定した調達の実現に努めております。

（18）　有害物質の漏洩・汚染リスク ·······························

（リスクの概要）

　国内外において，国や地方自治体の法律及び規制により，有害物質の不適切な使用・廃棄やそれに起因する土壌汚染，大気汚染，水質汚染等の環境汚染に関して，重大な責任が発生する可能性があります。当社グループの製造工程及び研究開発におきましては，特定の有害物質を使用し，廃棄物を管理する必要があり，適用される規制を守るために厳重な注意を払っております。しかし，このような物質に起因する偶発的な汚染や放出及びその結果としての影響を完全に予測することは困難であり，万一発生した場合には，近隣など外部への影響及び当社グループの従業員を含め事業活動にも影響を及ぼす可能性があります。

（主なリスク対応策）

　偶発的な汚染や放出の原因となる有害物質の貯蔵タンクの管理，保全を実施しております。日常での運用管理や設備点検を徹底するとともに，自社で設定した管理ガイドラインに基づき，使用年数に応じて劣化診断や計画的な更新を行っております。さらに，貯蔵タンク設置場所には防液堤を設置し，漏洩流出の未然防止を図っております。また，薬液類の給油，貯留，運搬，廃棄等の取扱い時における偶発的な汚染や漏洩流出を想定し，あらかじめ緊急事態対応手順を整備し，その手順に則り定期的に訓練も行うことで，影響を最小限に抑えられるように備えております。これらの管理状況は本社製造統括本部エコロジーセンターによる環境監査の中でも確認し，状況に応じて改善指導も行っております。

（19）　廃棄物に関するリスク ·······························

（リスクの概要）

　当社グループの廃棄物は，情報コミュニケーションと生活・産業の事業分野を中心とした事業所から出る紙くずが最も多く，総排出量の約60％を占めております。これに生活・産業事業分野の廃プラスチック類，エレクトロニクス事業分野の廃酸が続きます。これらの廃棄物の処理につきましては，廃棄物処理事業者に委託しておりますが，万一これらの委託事業者が不法投棄や不適切な処理を行っていた場合には，排出事業者として当社グループの社名等が公表される他，当社

印刷物の得意先商品名が SNS 等で拡散され，得意先の社会的信頼を毀損する可能性があるなど，社会的な信用を失い，当社グループの事業活動に影響を及ぼす可能性があります。

（主なリスク対応策）

　当社グループは，委託事業者による不法投棄や不適切処理対策として，マニュフェスト管理の徹底，自社評価シートによる廃棄物処理事業者の適正処理の評価，本社製造統括本部エコロジーセンター及び各事業所による現地視察などを行っております。また，廃棄物の適正処理とともに，中長期環境目標に廃棄物の最終埋立量，廃プラスチックのマテリアルリサイクル率を設定，管理することにより，事業活動に伴って生じる廃棄物の排出抑制，並びに排出される廃棄物の再使用・再資源化にも取り組み，近年注目されている海洋プラスチック問題，サーキュラーエコノミーに対しても，対応を強化してまいります。

（20）　人権リスク ··
（リスクの概要）

　「第2　事業の状況　2　サステナビリティに関する考え方及び取組　(4)人権」にも記載したように当社グループでは「人間尊重」の精神を基本に事業活動を行っており，人権を事業活動やサステナビリティの取り組みを推進するにあたり，最も重要なテーマであると捉えています。

　しかしながら，セクシュアルハラスメントやパワーハラスメントをはじめとする人権問題が発生した場合には，職場環境の悪化にとどまらず，労災補償やブランド価値の毀損などが発生し，当社グループの業績に影響を及ぼす可能性があります。

（主なリスク対応策）

　当社グループでは，「人権方針」を2021年10月に制定するとともに，自社の行動規範である「行動指針」で，人格と個性の尊重，差別行為やハラスメント行為の禁止，児童労働・強制労働の禁止など，基本的人権を尊重することを定めています。また「トッパングループ　サステナブル調達ガイドライン」においても人権を重視する姿勢を明示し，サプライチェーン全体で人権に関する取り組みを推

進しています。さらに，国内外グループ会社・サプライヤー等の当社グループを取り巻くステークホルダーへの調査・ヒアリングを通じて人権リスクの軽減・是正に向けた取り組みを行っています。

推進体制としては，代表取締役社長を委員長とする「サステナビリティ推進委員会」の下部に設置されている「コーポレート ESG プロジェクト」における「人権ワーキンググループ」が人権尊重の取り組みを主管し，グループ全体への浸透を進め，あらゆる人権リスクに対する対応基盤の構築を目指します。

また，ハラスメントに対しては，トッパングループ行動指針にハラスメント行為の禁止を定め，研修などを通じて徹底しております。また，総務部門を通じた各職場への啓発活動，各職場の行動指針推進リーダーを中心とした日常業務レベルでの浸透・徹底，各職場の管理職への教育，アンケートによる実態把握などを行っております。各種ハラスメントに関する相談体制を拠点単位で設置するとともに，内部通報制度「トッパングループ・ヘルプライン」にも通報することができるようにし，早期に発見し適切に対処する機能を果たしております。

さらに，労使でハラスメントの問題を認識し，労使協力してその行為を防止し，ハラスメントの無い快適な職場環境の実現に向け，「ハラスメント防止に関する取扱い」の労使協定を締結しております。

(21)　火災及び労働災害 ………………………………………………………
(リスクの概要)

「第2　事業の状況　2　サステナビリティに関する考え方及び取組　(3)人的資本・多様性」にも記載したように当社グループは,事業活動を行うにあたり,「安全は全てに優先する」を第一義とする「安全衛生・防火基本方針」を制定し，労使一体となり，安全衛生・防火活動に取り組んでおります。不測の事態により火災及び労働災害が発生した場合，事業所の設備や従業員等が大きな被害を受け，その一部又は全部の操業が中断し，生産及び出荷が遅延する可能性があります。また，損害を被った設備等の修復のために多額の費用が発生し，結果として，当社グループの事業活動，業績及び財務状況に影響を及ぼす可能性があります。さらに，安全衛生・防火の管理において不備があった場合は，当社グループの社会

的評価に悪影響を与える可能性があります。

（主なリスク対応策）

　当社グループでは，全国の事業所に，安全師範や安全担当者，技術安全推進担当者などを配置するとともに，職場で働く全ての人々に安全意識を浸透させるべく，5S活動，危険予知訓練（KYT），リスクアセスメントなどの基礎知識，全国の事業所で取り組んでいる安全活動などを紹介する「勉強会」や，グループも横断した製造の各工程で取り組んでいる安全活動の情報を共有する「分科会」活動を推進しています。リスクアセスメントによる設備の本質安全化や職長教育を中心とした各種の階層別教育の徹底なども進めております。また，安全に対する意識と危険に対する感受性の向上を目指すため，「挟まれ・巻き込まれ」や「発火・爆発」などを実際に体感することができる「安全道場」を国内外の主要製造拠点に開場している他，VR技術を活用し，多言語での解説を搭載したバーチャル映像と音を通じて事故の疑似体験をするデジタルコンテンツによる安全教育も国内外のグループ会社に展開しています。

（22）　労務問題に関するリスク（労働法規違反，労務トラブル等）‥‥‥‥‥‥
（リスクの概要）

　「第2　事業の状況　2　サステナビリティに関する考え方及び取組　（3）人的資本・多様性」にも記載したように当社グループでは，従業員を会社の貴重な財産，すなわち「人財」と捉え，「企業は人なり」という理念のもと，従業員が「やる気」，「元気」，「本気」の3つの「気」を持つことで，従業員がそれぞれの力を十分に発揮することが大切であると考えております。それを実現するために，従業員の労働については，国の政策や法制度の動向を踏まえ，労働組合と協議しながら，様々な施策を展開しております。しかしながら，基準を超える長時間労働が行われたり，規定の有給休暇が取得されないなど，労働法規違反により当局から行政処分などを受けた場合や，労務トラブルが発生した場合には，当社グループ従業員の業務パフォーマンスの低下に加え，当社グループのブランド価値が毀損し，業績に影響を及ぼす可能性があります。

（主なリスク対応策）

　当社グループは，ワーク・ライフ・バランスの推進に向けて，各社の労使関係の中で，継続した労働時間短縮に向けた取り組みや，法改正への対応に関して意見交換及び協議を行うとともに，残業実態の分析，新たな勤務制度の導入・活用状況の検証を行っております。今後は長時間労働の撲滅に向けて，各社の労働時間や年次休暇の取得状況を日々把握できる体制・システムを検討し，グループ全体での生産性の向上と労働時間の短縮を目指すとともに，法令順守の体制を構築してまいります。コロナ禍において定着した「リモートワーク制度」による働き方改革を継続し，従業員が自律的かつ効率的に業務を行える環境を整備しております。また，各拠点に労務相談の窓口を設け，ハラスメント相談員の資格を持った担当者が対応に当たるなど，労務トラブルの未然防止にも努めております。

（23）　特許権や著作権等の知的財産権の侵害 ·······································
（リスクの概要）

　当社グループでは，事業戦略と知財戦略をマーケット志向と研究開発活動により，一層密着させ，戦略的な知的財産ポートフォリオの構築に取り組んでおり，創出された知的財産により事業競争力の確保，維持，強化をしております。

　しかしながら，当社グループの技術等が，見解の相違等により他者の知的財産権を侵害しているとされる可能性や訴訟に巻き込まれる可能性があります。また，他者が当社グループの知的財産を不正使用することを防止できない可能性や，侵害を防ぐための対応が成功しない可能性があります。

　さらに，当社グループは，お客さまに印刷物や商品パッケージのデザインを提案する業務において，著作物を日常的に取り扱っております。そのため，当社グループが取り扱う著作物の権利について，事前かつ十分に処理状況を確認できなかった等の理由により，他者の著作権を侵害しているとされる可能性や訴訟に巻き込まれる可能性があります。

（主なリスク対応策）

　当社グループは，新事業や新商品，新技術の研究・開発にあたり，グローバルな視点も含めて，他者の知的財産権を継続的に調査・経過観察することにより，

他者の知的財産権を侵害するリスクを未然に防止してまいります。当社グループは，事業展開する国や地域に合わせた権利取得を行い，強固な知的財産ポートフォリオを構築することにより，当社グループの知的財産権が他者に侵害されるリスクを回避しております。

　また，知的財産に関する階層別の社内教育を定期的に実施して，他者の知的財産権の尊重とその重要性について社内に周知徹底しています。さらに，著作権教育についても社内をはじめ，委託先である外部デザイナーに向けて定期的に実施し，事前かつ適切な著作権処理を徹底することにより，他者の著作権を侵害するリスクを未然に防止しております。

（24）　不祥事（重大な不正，不適切な行為等）・コンプライアンス違反（談合，贈賄，その他法的規制違反）……………………………………………………

（リスクの概要）

　当社グループは，国内外で多くの拠点を持ち，多種多様な業界にわたる多くの得意先と取引をしていることから，関連する法令や規制は多岐にわたっております。事業活動を行うにあたり，会社法，金融商品取引法，税法，独占禁止法，下請法，贈賄関連諸法などの法規制に従う他，免許・届出・許認可等が必要とされるものもあります。万一，従業員による重大な不正や不適切な行為等の不祥事があった場合，あるいはコンプライアンス違反があった場合には，法令による処罰，損害賠償の請求だけでなく，社会的信用の失墜，得意先や取引先の離反などにより，当社グループの業績及び財政状態に影響を及ぼす可能性があります。

（主なリスク対応策）

　当社グループは，従業員一人ひとりの違法精神と企業倫理に基づく行動のあり方を示した「トッパングループ行動指針」を制定し，この行動指針の徹底こそがコンプライアンスの実践であると考えております。そこで，行動指針推進リーダー制度を導入し，各職場の行動指針推進リーダーを中心として，日常業務レベルでの行動指針の浸透・徹底を図っております。

　また，談合・カルテル，下請法違反，贈賄などを防止するため，研修や監査を実施するなど，従業員のコンプライアンス意識向上のための施策を実施しており

ます。当社グループは，法令違反の早期発見と迅速かつ適切な対応を行うため，グループ共通の内部通報制度である「トッパングループ・ヘルプライン」を設置しております。

(25) 海外ビジネスに関するリスク（規制法違反，地政学リスク，訴訟，労働争議，国際税務等，前各項に含まれない事項）……………………………

(リスクの概要)

当社グループは，米国をはじめ中国，東南アジア地域，欧州など数多くの国や地域で事業活動を行っております。将来的にも，開発途上国を含む海外の国や地域で新たに事業を展開する可能性があります。事業展開する国や地域における政治及び経済面における不安定さ，疫病及び大規模な災害の発生，労働争議や紛争の発生などにより，当社グループの事業活動及び業績に影響を及ぼす可能性があります。また，海外子会社におけるガバナンス不全や社内管理の不備により，法規制への違反，外国公務員への贈賄や国際カルテルなどの不法行為，現地従業員による着服，不正会計，税制の変更や不適切な税務申告などが発生した場合には，当社グループの業績に影響を及ぼす可能性があります。

さらに地政学リスクという観点では，ロシア・ウクライナ情勢を巡る動きをはじめ，世界的に先行きの不透明感が増し，リスクは高まっています。加えて，そのような状況から派生した輸出入規制の強化，資金決済への制限など，当社グループのビジネスにも影響が及んでいます。紛争の長期化や激化，新たな戦闘や抗争による事業停止や撤退など，さらなる影響を受ける可能性があります。

(主なリスク対応策)

海外ビジネスに関するリスクを低減するためには，各海外子会社におけるガバナンス体制の構築と，その実効性の高い運用が重要であると考えております。そこで，当社グループでは，マネジメント全般，コンプライアンス，情報セキュリティ，人事，安全衛生，会計，税務，品質，環境，調達などについて「あるべき姿」を示し，それに基づき各海外子会社で体制・仕組みの構築と遵守・運用・実践を一体となって進めております。また，社内監査や会計監査などを実施し，指摘事項に対する改善指導を行い，より効果的なガバナンス体制の構築に努めております。

さらに海外での事業開始前に，第三者機関が提供する事業環境リスク評価システムを活用したリスク評価を行うなど対応を強化するとともに，海外出張者・海外駐在員に対し，渡航前に安全教育やリスク管理・危機管理研修を実施しております。

地政学リスクについても，情勢の変化を見ながら当社グループへの影響分析，評価を行い，BCP策定などの対策を講じています。

4 経営者による財政状態，経営成績及びキャッシュ・フローの状況の分析
（業績等の概要）

（1） 経営成績等の状況の概要 ···

当連結会計年度における当社グループの財政状態，経営成績及びキャッシュ・フロー（以下，「経営成績等」という。）の状況の概要は次のとおりであります。

① 財政状態及び経営成績の状況

当期におけるわが国経済は，新型コロナウイルス感染症による行動制限が緩和されるなど，持ち直しの動きがみられた一方，ウクライナ侵攻の長期化に伴うサプライチェーンの混乱や資源価格の高騰，急激な為替変動など，先行き不透明な状況が続きました。

当社グループを取り巻く環境におきましては，情報媒体のデジタルシフトによるペーパーメディアの需要減少の他，原材料の供給面での制約や価格高騰など厳しい経営環境が続きましたが，生活様式の変化に伴うデジタル需要の増加や地球環境に対する意識の高まりなど，新たな需要が見込まれています。

このような環境の中で当社グループは，「Digital & Sustainable Transformation」をキーコンセプトに，社会やお客さま，トッパングループのビジネスを，デジタルを起点として変革させる「DX（Digital Transformation）」と，事業を通じた社会的課題の解決とともに持続可能性を重視した経営を目指す「SX（SustainableTransformation）」を柱に，ワールドワイドで社会課題の解決を目指しています。

以上の結果, 当期の売上高は前期に比べ5.9%増の1兆6,388億円となりました。また，営業利益は4.3%増の766億円，経常利益は6.4%増の811億円となりま

した。親会社株主に帰属する当期純利益は、前期に比べ投資有価証券売却益が減少したことに加え、当期に減損損失が増加したことなどにより、50.6%減の608億円となりました。

セグメントごとの経営成績は、次のとおりであります。

a　情報コミュニケーション事業分野

セキュア関連では、帳票類の電子化などによりビジネスフォーム関連が減少したものの、ICカード関連が増加したことなどにより、前年を上回りました。

コンテンツ・マーケティング関連では、ペーパーメディアやSP関連が減少したものの、ゲームカードや株式会社BookLiveによる電子書籍関連事業、Web広告運用などのデジタルマーケティング関連の増加により、前年を上回りました。

BPO関連は、デジタルとオペレーションを組み合わせたハイブリッドBPOの拡販に努めたものの、昨年度の大型案件の反動により、減収となりました。

DX領域の「Erhoeht-X（エルヘートクロス）」事業の取り組みとしては、デジタルマーケティングの運用体制強化に向け、札幌エンゲージメントセンターの開設や、CRM領域で豊富なノウハウを持つフュージョン株式会社との資本業務提携を実施しました。また、トッパン・フォームズ株式会社（新社名：TOPPANエッジ株式会社）が提供するメッセージ配信サービス「Engage Plus」の機能拡充などにより、企業や団体の業務効率改善を推進しています。

以上の結果、情報コミュニケーション事業分野の売上高は前期に比べ1.8%減の8,875億円、営業利益は16.3%減の428億円となりました。

b　生活・産業事業分野

パッケージ関連では、国内は、食品向けを中心とした需要の増加やサステナブル包材の拡大により、前年を上回りました。海外は、昨年度買収した米国軟包装メーカー InterFlex社、5月に買収したタイの軟包装メーカー Majend Makcs社に加え、インドネシアを中心に販売が拡大しました。なお、国内、海外ともに原材料やエネルギー価格の高騰を受け、価格改定を進めました。

建装材関連では、国内は、高意匠・高機能化粧シートの販売が拡大し、増収となりました。海外は、欧州での急速なインフレ及び北米での住宅金利の上

昇による需要減の影響があったものの，家具などのインテリア向け化粧シート
の販売拡大や価格改定に加え，為替の影響もあり，前年を上回りました。

　高機能関連では，昨年度連結子会社化したインド大手フィルムメーカーの
Toppan Speciality Films社（旧社名：Max Speciality Films社）が貢献し，増
収となりました。

　SX領域の取り組みでは，世界最高水準のバリア性能を持つ透明バリアフィ
ルム「GL BARRIER」を用い，リサイクル適性の高いモノマテリアル包材や，
プラスチック使用量及び CO2 排出量を削減するレトルト対応の紙製パウチな
ど，環境配慮型包材の開発に取り組みました。

　以上の結果，生活・産業事業分野の売上高は前期に比べ17.2％増の5,206
億円，営業利益は17.6％減の235億円となりました。

c　エレクトロニクス事業分野

　半導体関連では，フォトマスクは，5G・AI，車載向けなどの堅調な半導体
需要を背景に，増収となりました。高密度半導体パッケージ基板の FC-BGA
基板は，業界最高水準の品質と技術を武器に，大型・高多層の高付加価値品が，
データセンターやサーバー向けなどを中心に好調に推移しました。

　ディスプレイ関連では，テレビ向けなどの需要が減少した反射防止フィルム
及び構造改革を進めたカラーフィルタが減少し，前年を下回りました。

　新事業創出の取り組みとしては，IoTの本格普及に向け，次世代 LPWA（低
消費電力広域ネットワーク）通信規格「ZETA」を活用した，工場や施設におけ
る環境データの遠隔監視や設備保全業務を効率化するシステム「e-Platch®
（イープラッチ）」を開発し，クラウドセキュリティの国際標準規格「ISO/
IEC27017認証」を取得しました。また，産業用の自律走行ロボットなどの普
及を見据え，最長30mの距離を測定できる次世代 ToF センサを世界で初めて
開発しました。

　以上の結果，エレクトロニクス事業分野の売上高は前期に比べ15.3％増の
2,553億円，営業利益は60.6％増の482億円となりました。

　財政状態の状況は，次のとおりであります。

当連結会計年度末の総資産は，前連結会計年度末に比べ493億円減少し2兆2,388億円となりました。これは有価証券が464億円，建設仮勘定が104億円，商品及び製品が89億円，無形固定資産のその他に含まれるソフトウェア仮勘定が69億円，土地が52億円，それぞれ増加したものの，投資有価証券が1,319億円減少したことなどによるものです。

　負債は，前連結会計年度末に比べ643億円減少し7,866億円となりました。これは流動負債のその他に含まれる契約負債が160億円，短期借入金が118億円，それぞれ増加したものの，繰延税金負債が411億円，1年内償還予定の社債が400億円，未払法人税等が166億円，それぞれ減少したことなどによるものです。純資産は，前連結会計年度末に比べ149億円増加し1兆4,521億円となりました。これはその他有価証券評価差額金が843億円減少したものの，非支配株主持分が558億円，利益剰余金が468億円，それぞれ増加したことなどによるものです。

② **キャッシュ・フローの状況**

　当連結会計年度末の現金及び現金同等物は，前連結会計年度末に比べ333億円増加し4,476億円となりました。当連結会計年度における各キャッシュ・フローの状況は，次のとおりです。

（営業活動によるキャッシュ・フロー）

　営業活動によるキャッシュ・フローは，税金等調整前当期純利益1,095億円に減価償却費等の非資金項目，営業活動に係る債権・債務の加減算を行った結果，1,060億円の収入となりました。

（投資活動によるキャッシュ・フロー）

　投資活動によるキャッシュ・フローは，投資有価証券の売却及び償還による収入があった一方，設備投資などを行ったことから，314億円の支出となりました。

（財務活動によるキャッシュ・フロー）

　財務活動によるキャッシュ・フローは，連結の範囲の変更を伴わない子会社株式の売却などを行った一方，社債の償還や自己株式の取得，配当金の支払などを行ったことから，501億円の支出となりました。

（生産，受注及び販売の状況）

（1） 生産実績 ··

当連結会計年度における生産実績をセグメントごとに示すと，次のとおりであります。

セグメントの名称	金額(百万円)	前期比(%)
情報コミュニケーション事業分野	879,733	△1.3
生活・産業事業分野	520,055	18.0
エレクトロニクス事業分野	255,952	14.1
合　計	1,655,742	6.4

（注）　上記金額は，販売価額によっており，セグメント間の取引につきましては相殺消去しております。

（2）　受注状況 ··

当連結会計年度における受注状況をセグメントごとに示すと，次のとおりであります。

セグメントの名称	受注高(百万円)	前期比(%)	受注残高(百万円)	前期比(%)
情報コミュニケーション事業分野	881,379	△1.2	50,354	24.4
生活・産業事業分野	511,410	15.8	107,231	△1.2
エレクトロニクス事業分野	385,268	69.8	170,164	589.1
合　計	1,778,058	13.9	327,751	88.7

（注）　上記金額は，販売価額によっており，セグメント間の取引につきましては相殺消去しております。

（3）　販売実績 ··

当連結会計年度における販売実績をセグメントごとに示すと，次のとおりであります。

セグメントの名称	金額(百万円)	前期比(%)
情報コミュニケーション事業分野	871,508	△2.2
生活・産業事業分野	512,671	17.6
エレクトロニクス事業分野	254,654	15.4
合　計	1,638,833	5.9

（注）1　セグメント間の取引につきましては相殺消去しております。

(point) 財務諸表

この項目では，連結ではなく単体の貸借対照表と，損益計算書の内訳を確認することができる。連結＝単体＋子会社なので，会社によっては単体の業績を調べて連結全体の業績予想のヒントにする場合があるが，あまりその必要性がある企業は多くない。

（経営者の視点による経営成績等の状況に関する分析・検討内容）

　経営者の視点による当社グループ（当社及び連結子会社）の経営成績等の状況に関する認識及び分析・検討内容は以下のとおりであります。

　なお，文中の将来に関する事項は，当連結会計年度末現在において当社グループが判断したものであります。

（1）　重要な会計方針及び見積り ……………………………………………………

　当社グループの連結財務諸表は，わが国において一般に公正妥当と認められている会計基準に基づいて作成しております。この連結財務諸表の作成には，経営者による会計方針の選択・適用，資産・負債及び収益・費用の報告金額及び開示に影響を与える見積りを必要とします。経営者は，これらの見積りについて，過去の実績等を勘案し合理的に判断しておりますが，実際の結果は見積り特有の不確実性があるため，これらの見積りと異なる場合があります。

　当社グループの連結財務諸表で採用する重要な会計方針，会計上の見積り及び当該見積りに用いた仮定は，「第5　経理の状況1　連結財務諸表等（1）連結財務諸表注記事項（連結財務諸表作成のための基本となる重要な事項）及び（重要な会計上の見積り）」に記載のとおりであります。

　なお，新型コロナウイルス感染症の影響に関する会計上の見積りについては，「第5経理の状況1連結財務諸表等（1）連結財務諸表注記事項（追加情報）」に記載のとおりであります。

（2）　当連結会計年度の経営成績等の状況に関する認識及び分析・検討内容 ……

　当社グループの連結財務諸表は，わが国において一般に公正妥当と認められている会計基準に基づいて作成しております。この連結財務諸表の作成には，経営者による会計方針の選択・適用，資産・負債及び収益・費用の報告金額及び開示に影響を与える見積りを必要とします。経営者は，これらの見積りについて，過去の実績等を勘案し合理的に判断しておりますが，実際の結果は見積り特有の不確実性があるため，これらの見積りと異なる場合があります。

　当社グループの連結財務諸表で採用する重要な会計方針，会計上の見積り及び

当該見積りに用いた仮定は，「第5経理の状況1連結財務諸表等（1）連結財務諸表注記事項（連結財務諸表作成のための基本となる重要な事項）及び（重要な会計上の見積り）」に記載のとおりであります。

（2）　当連結会計年度の経営成績等の状況に関する認識及び分析・検討内容 ……

　当連結会計年度の売上高は，前連結会計年度に比べ，5.9％増の1兆6,388億円となりました。

　売上原価は前期比5.3％増の1兆2,766億円，売上原価率は0.5ポイント低下して77.9％となりました。この結果，売上総利益は，前期比8.2％増の3,621億円となりました。総合的なコスト削減策が奏功し，売上原価率は2020年3月期に80％を切った後，さらに3期連続で低減しています。引き続き，組織のスリム化や生産の効率化，原材料調達の見直しなどに取り組んでまいります。

　販売費及び一般管理費は，前期比9.3％増の2,855億円となりました。対売上高比率は17.4％で，前期の16.9％から0.5ポイント上昇しました。当社グループでは現在，収益力強化に向けた事業構造改革を進めており，最適な人員配置による外部委託費の低減，総労務費圧縮などを引き続き推進していく方針です。

　営業利益は前期比4.3％増の766億円となり，売上高営業利益率は4.7％で，前期並みとなりました。当社グループは，本業の収益力を測る指標として営業利益を重視し，今後もその拡大に向けた施策を積極的に講じる方針です。

　税金等調整前当期純利益は前期比39.5％減の1,095億円となりました。これは，当社の進めている保有資産価値見直し施策において，株安の影響もあり投資有価証券売却益が減少したこと，また世界的なインフレ・消費停滞等を受けて，北米の軟包材コンバーティング事業や国内紙器事業で減損損失を計上したことなどによるものです。

　以上の結果，非支配株主に帰属する当期純利益を控除した親会社株主に帰属する当期純利益は，前期比50.6％減の608億円となり，1株当たり当期純利益は前期の365円21銭から185円7銭に減少しました。

　利益率は，総資産当期純利益率（ROA）が前期の5.3％から2.7％へ，自己資本当期純利益率（ROE）が前期の9.2％から4.5％へ，それぞれ低下しました。

セグメントごとの財政状態及び経営成績の状況に関する認識及び分析・検討内容は次のとおりであります。

　情報コミュニケーション事業分野の総資産は10億円（0.1％）増加し，8,413億円となりました。生活・産業事業分野の総資産は193億円（3.8％）増加し，5,248億円となりました。エレクトロニクス事業分野の総資産は822億円（36.6％）増加し，3,072億円となりました。

　なお，セグメント別の経営成績については「第2事業の状況4経営者による財政状態，経営成績及びキャッシュ・フローの状況の分析（1）経営成績等の状況の概要①財政状態及び経営成績の状況」に記載のとおりであります。

（3）　資本の財源及び資金の流動性についての分析

　当社グループの運転資金は主に製品製造に使用する原材料や部品の調達に費やされており，製造費や販売費及び一般管理経費に計上される財・サービスに対しても同様に費消されております。また，設備投資資金は，生産設備取得等生産体制の構築，情報システムの整備等に支出されております。

　これらの必要資金は，主に手元のキャッシュと営業活動によるキャッシュ・フローから創出し，必要に応じて柔軟的かつ機動的に借入や社債発行等により調達しており，資産効率の向上と今後の持続的な成長を実現させるため，M&Aなどの事業投資を含む成長投資や構造改革等の投資財源へ充当してまいります。

　また，当社グループは手元流動性残高から有利子負債を控除したネットキャッシュの水準を重視した資金管理を実施しており，必要な流動性資金は充分に確保しております。これらの資金をグループ内ファイナンスで有効に活用することにより，効率的な資金運用を図っております。

　これらの方針により，持続的成長に向けた投資の強化，構造改革の推進及び安定的な株主還元のバランスをとり，財務健全性との両立を重視した運営を堅持してまいります。

設備の状況

1 設備投資等の概要

当社グループ（当社及び連結子会社）は，今後の成長が見込まれる事業分野の生産能力の増強と省力化，合理化及び製品の品質向上に重点を置き，当連結会計年度において921億円（無形固定資産を含む）の設備投資を実施しました。

当連結会計年度に完成した主要設備をセグメント別に示すと，次のとおりであります。

（1）　情報コミュニケーション事業分野

当連結会計年度における設備投資等の金額は263億円であり，主な内容は次のとおりであります。

① 　川口工場（埼玉県）へ出版印刷関連の生産設備を集約しました。

② 　DX関連で携帯電話番号でメッセージを送受信できる「＋メッセージ」を活用したサービスの基盤整備や機能拡張を推進しました。

③ 　医療ビッグデータ利活用のさらなる推進とヘルスケアサービスの創出を目指し，データ活用に向けた基盤構築を進めました。

（2）　生活・産業事業分野

当連結会計年度における設備投資等の金額は282億円であり，主な内容は次のとおりであります。

① 　SX関連の拡大に向けた軟包材関連の設備導入を進めました。

② 　上海において，医療医薬包材の拡大に向けた生産体制の構築を進めました。

（3）　エレクトロニクス事業分野

当連結会計年度における設備投資等の金額は265億円であり，主な内容は次のとおりであります。

・5G・AI，データセンターなどで今後も需要が見込まれる半導体関連の生産能力拡大を進めました。

・当社は，製造拠点の再構築に伴う，設備の除却や建物の除却を行いました。

2 主要な設備の状況

当社グループ（当社及び連結子会社）における主要な設備は次のとおりであります。

(1) 提出会社 ···

（2023年3月31日現在）

事業所名 (所在地)	セグメントの 名称	設備の内容	帳簿価額(百万円)						従業員数 (人)
			建物及び 構築物	機械装置 及び運搬 具	土地 (面積千 ㎡)	リース 資産	その他	合計	
朝霞工場 (埼玉県新座市) (注) 4	情報コミュ ニケーショ ン事業分野 エレクトロ ニクス事業 分野	証券・ カード 商業印刷 エレクトロ ニクス 生産設備	6,127	3,521	2,659 (78)	－	262	12,570	116 [－]
嵐山工場 (埼玉県嵐山町) (注) 4	情報コミュ ニケーショ ン事業分野 生活・産業 事業分野	証券・ カード パッケージ 生産設備	3,301	4,531	3,524 (53)	－	432	11,789	41 [1]
板橋工場 (東京都板橋区) (注) 4	情報コミュ ニケーショ ン事業分野	出版印刷 商業印刷 生産設備	5,026	211	508 (64)	3	522	6,272	209 [－]
坂戸工場 (埼玉県坂戸市) (注) 4	情報コミュ ニケーショ ン事業分野	出版印刷 商業印刷 生産設備	6,937	2,565	11,452 (129)	－	130	21,086	28 [1]
群馬センター工 場 (群馬県明和町) (注) 4	生活・産業 事業分野	パッケージ 生産設備	7,604	3,527	2,997 (153)	2	489	14,621	114 [－]
相模原工場 (神奈川県 相模原市南区) (注) 4	生活・産業 事業分野	パッケージ 生産設備	250	1	1,580 (55)	1	5	1,838	55 [－]
柏工場 (千葉県柏市) (注) 4	生活・産業 事業分野	建装材 生産設備	1,112	919	328 (30)	－	167	2,526	86 [－]
幸手工場 (埼玉県幸手市) (注) 4	生活・産業 事業分野	パッケージ 建装材 生産設備	4,849	3,161	3,132 (90)	－	497	11,640	87 [－]
深谷工場 (埼玉県深谷市) (注) 4	生活・産業 事業分野	高機能部材 生産設備	4,216	4,312	1,361 (166)	－	529	10,420	43 [－]
新潟工場 (新潟県 新発田市)	エレクトロ ニクス事業 分野	エレクトロ ニクス 生産設備	3,129	7,354	2,626 (163)	－	7,973	21,085	143 [－]
大阪工場 (大阪府大阪市 福島区)　(注) 4	情報コミュ ニケーショ ン事業分野	商業印刷 生産設備	2,582	60	362 (28)	1	192	3,198	41 [－]
滋賀工場 (滋賀県 東近江市)	エレクトロ ニクス事業 分野	エレクトロ ニクス 生産設備	2,251	55	943 (50)	－	17	3,269	116 [－]

事業所名 （所在地）	セグメントの 名称	設備の内容	帳簿価額(百万円)						従業員数 （人）
			建物及び 構築物	機械装置 及び運搬 具	土地 （面積千 ㎡）	リース 資産	その他	合計	
福崎工場 （兵庫県福崎町） （注）4	生活・産業 事業分野	パッケージ 生産設備	2,849	4,331	1,601 (133)	−	1,479	10,262	61 [−]
滝野工場 （兵庫県加東市） （注）4	情報コミュ ニケーショ ン事業分野 生活・産業 事業分野	証券・ カード 商業印刷 パッケージ 生産設備	5,564	5,177	3,144 (149)	−	371	14,258	72 [2]
福岡工場 （福岡県古賀市） （注）4	情報コミュ ニケーショ ン事業分野 生活・産業 事業分野	商業印刷 生産設備	3,040	4,207	5,498 (137)	−	441	13,187	96 [−]
熊本工場 （熊本県玉名市）	生活・産業 事業分野 エレクトロ ニクス事業 分野	パッケージ 生産設備 エレクトロ ニクス 生産設備	1,077	945	158 (67)	−	108	2,288	131 [−]
名古屋工場 （愛知県 名古屋市西区） （注）4	情報コミュ ニケーショ ン事業分野	出版印刷 商業印刷 生産設備	1,627	866	48 (17)	−	55	2,598	106 [4]
三重工場 （三重県亀山市）	エレクトロ ニクス事業 分野	エレクトロ ニクス 生産設備	108	3	1,830 (99)	−	57	1,999	32 [−]
松阪工場 （三重県松阪市） （注）4	生活・産業 事業分野	パッケージ 生産設備	705	711	458 (30)	−	48	1,923	25 [1]
仙台工場 （宮城県仙台市 泉区） （注）4	情報コミュ ニケーショ ン事業分野 生活・産業 事業分野	商業印刷 パッケージ 生産設備	1,789	1,408	1,100 (54)	−	143	4,423	82 [8]
札幌工場 （北海道札幌市 西区） （注）4	情報コミュ ニケーショ ン事業分野	商業印刷 生産設備	1,398	813	153 (13)	1	184	2,551	59 [2]
千歳工場 （北海道千歳市） （注）4	生活・産業 事業分野	パッケージ 生産設備	1,088	921	13 (45)	−	26	2,049	17 [−]
トッパン小石川 本社ビル （東京都文京区）	情報コミュ ニケーショ ン事業分野 全社	販売設備等	13,265	50	4,850 (13)	23	2,642	20,832	3,151 [27]

事業所名 （所在地）	セグメントの 名称	設備の内容	帳簿価額（百万円）						従業員数 （人）
			建物及び 構築物	機械装置 及び運搬 具	土地 （面積千 ㎡）	リース 資産	その他	合計	
秋葉原ビル （東京都台東区）	生活・産業 事業分野 全社	販売設備等	5,158	216	234 (7)	3	761	6,374	1,545 [9]
総合研究所 （埼玉県杉戸町）	全社	研究開発設 備	5,969	1,446	4,408 (49)	–	1,242	13,066	516 [2]
川口工場 （埼玉県川口市） （注）4	情報コミュ ニケーショ ン事業分野	出版印刷 生産設備	7,433	3,338	18,369 (125)	–	533	29,674	20 [－]
福山工場 （広島県福山市） （注）4	情報コミュ ニケーショ ン事業分野	商業印刷 生産設備	627	671	751 (43)	–	214	2,265	－ [－]
三ヶ日工場 （静岡県浜松市北 区）　（注）4	生活・産業 事業分野	パッケージ 生産設備	388	298	351 (28)	–	5	1,044	－ [－]
佐賀工場 （佐賀県吉野ヶ里 町）　（注）4	生活・産業 事業分野	パッケージ 生産設備	297	266	87 (28)	–	35	688	－ [－]
高知工場 （高知県南国市）	エレクトロ ニクス事業 分野	エレクトロ ニクス 生産設備	–	36	– (－)	–	538	575	100 [－]

（2）　国内子会社 ···

会社名	事業所名 （所在地）	セグメン トの名称	設備の内容	帳簿価額（百万円）						従業員数 （人）
				建物及び 構築物	機械装置 及び運搬 具	土地 （面積千 ㎡）	リース 資産	その他	合計	
トッパン ・フォーム ズ㈱	本社・工 場他（東 京都港区 他）	情報コ ミュ ニ ケーショ ン事業分 野	ビジネス フォーム 生産設備	7,226	19	11,258 (22)	12	2,311	20,829	2,587 [1,420]
トッパン ・フォーム ズ・セント ラルプロダ クツ㈱	滝山工場 他（東京 都八王子 市他）	情報コ ミュ ニ ケーショ ン事業分 野	ビジネス フォーム 生産設備	8,419	3,875	2,926 (73)	–	959	16,180	909 [442]
図書印刷㈱ （注）6	本社・工 場他（東 京都北区 他）	情報コ ミュ ニ ケーショ ン事業分 野	出版印刷 生産設備	4,799	3,483	5,137 (66) [23]	–	271	13,692	1,001 [174]

（3） 在外子会社 ・・

（2023年3月31日現在）

会社名	事業所名 （所在地）	セグメン トの名称	設備の内容	帳簿価額（百万円）						従業員数 （人）
				建物及び 構築物	機械装置 及び運搬 具	土地 （面積千 ㎡）	リース 資産	その他	合計	
中華凸版 電子股份 有限公司	桃園工場 他（台湾 桃園市 他）	エレクト ロニクス 事業分野	エレクト ロニクス 生産設備	1,398	9,371	4,765 （15）	－	2,608	18,144	418 [－]
Giantplus Technology Co., Ltd.	八徳工場 他（台湾 桃園市 他）	エレクト ロニクス 事業分野	エレクト ロニクス 生産設備	2,586	1,430	17,898 （108） [0]	－	480	22,395	1,669 [－]
Toppan USA, Inc.	ジョージ ア工場 （アメリ カ合衆国 ジョージ ア州）	生活・産 業事業分 野	高機能部 材 生産設備	4,027	4,584	90 （135）	－	13	8,715	67 [－]

（注）1　帳簿価額のうち「その他」は，工具，器具及び備品，使用権資産及び建設仮勘定の合計です。なお，
　　　　金額には消費税等は含まれておりません。

　　　2　土地の[　]内は，賃借中の面積で外数です。

　　　3　従業員数は，就業人員数であり，臨時従業員数は[　]内に年間の平均人員を外数で記載しており
　　　　ます。

　　　4　連結子会社に全部又は主要部分を賃貸している物件です。

　　　5　現在休止中の主要な設備はありません。

　　　6　上記の他，主要な賃借及びリース設備として，以下のものがあります。

　　　　国内子会社

会社名 事業所名 （所在地）	セグメントの名称	設備の内容	年間賃借料 （百万円）
関西図書印刷㈱ 茨木工場 （大阪府茨木市）	情報コミュニケーション 事業分野	印刷生産設備	762
関西図書印刷㈱ 神戸工場 （兵庫県神戸市北区）	情報コミュニケーション 事業分野	印刷生産設備	308
関西図書印刷㈱ 京都工場 （京都府八幡市）	情報コミュニケーション 事業分野	印刷生産設備	307

3　設備の新設，除却等の計画

　当社グループ（当社及び連結子会社）における重要な設備の新設，除却等の計画は次のとおりであります。

（1）　重要な設備の新設等

| 会社名
事業所名 | 所在地 | セグメントの
名称 | 設備の内容 | 投資予定金額 | | 資金
調達方法 | 着手及び完了予定 | |
				総額 （百万円）	既支払額 （百万円）		着手	完了
Toppan Packaging Czech s.r.o. 欧州新工場 （仮称）	チェコ共和国 ウースチー州	生活・産業 事業分野	バリアフィルム 製造設備・ 土地・建物	13,641	2,045	自己資金	2022年 10月	2025年 4月

（注）上記金額には，消費税等は含まれておりません。

（2）　重要な設備の除却等

　該当事項はありません。

提出会社の状況

1　株式等の状況

（1）　株式の総数等

①　株式の総数

種類	発行可能株式総数(株)
普通株式	1,350,000,000
計	1,350,000,000

②　発行済株式

種類	事業年度末現在発行数(株) （2023年3月31日）	提出日現在発行数(株) （2023年6月29日）	上場金融商品取引所名 又は登録認可金融商品 取引業協会名	内容
普通株式	349,706,240	328,706,240	東京証券取引所 プライム市場	単元株式数は 100株であります。
計	349,706,240	328,706,240	－	－

（注）　2023年5月12日開催の取締役会決議により，2023年5月24日付で自己株式を消却し，発行済株式総数が21,000,000株減少しております。

■ 経理の状況

1　連結財務諸表及び財務諸表の作成方法について ·······························

(1)　当社の連結財務諸表は，「連結財務諸表の用語，様式及び作成方法に関する規則」（1976年大蔵省令第28号。以下，「連結財務諸表規則」という。）に基づいて作成しております。

(2)　当社の財務諸表は，「財務諸表等の用語，様式及び作成方法に関する規則」（1963年大蔵省令第59号。以下，「財務諸表等規則」という。）に基づいて作成しております。なお，当社は，特例財務諸表提出会社に該当し，財務諸表等規則第127条の規定により財務諸表を作成しております。

2　監査証明について ···

当社は，金融商品取引法第193条の2第1項の規定に基づき，連結会計年度（2022年4月1日から2023年3月31日まで）及び事業年度（2022年4月1日から2023年3月31日まで）の連結財務諸表及び財務諸表について，有限責任あずさ監査法人による監査を受けております。

3　連結財務諸表等の適正性を確保するための特段の取組みについて ············

当社は，以下のとおり連結財務諸表等の適正性を確保するための特段の取組みを行っております。

(1)　会計基準等の内容を適切に把握できる体制を整備するため，公益財団法人財務会計基準機構へ加入するとともに，監査法人等の行う研修への参加や会計専門誌の定期購読等を行っております。

(2)　将来の指定国際会計基準の適用に備え，社内に専門組織を設置し，社内規程やインフラの整備を進めております。

（1）　連結財務諸表 ···

①　連結貸借対照表

（単位：百万円）

	前連結会計年度 （2022年3月31日）		当連結会計年度 （2023年3月31日）	
資産の部				
流動資産				
現金及び預金	※1	437,951	※1	431,722
受取手形、売掛金及び契約資産	※1.3	428,362	※1.3	425,233
有価証券		26,702		73,199
商品及び製品		52,521		61,426
仕掛品		28,989		32,866
原材料及び貯蔵品		42,947		48,038
その他		37,907		39,481
貸倒引当金		△4,649		△5,886
流動資産合計		1,050,734		1,106,082
固定資産				
有形固定資産				
建物及び構築物	※1	600,337	※1	610,033
減価償却累計額		△386,183		△398,856
建物及び構築物（純額）		214,154		211,176
機械装置及び運搬具	※1	849,753	※1	871,825
減価償却累計額		△683,692		△701,920
機械装置及び運搬具（純額）		166,061		169,905
土地	※1	153,116	※1	158,362
建設仮勘定		21,463		31,890
その他	※1	101,257	※1	107,001
減価償却累計額		△75,797		△81,035
その他（純額）		25,459		25,966
有形固定資産合計		580,255		597,301
無形固定資産				
のれん		27,478		22,931
その他		56,022		62,418
無形固定資産合計		83,500		85,350
投資その他の資産				
投資有価証券	※2	525,276	※2	393,298
長期貸付金		1,255		1,112
従業員に対する長期貸付金		73		99
繰延税金資産		27,561		29,453
退職給付に係る資産		3,565		4,281
その他		16,268		22,157
貸倒引当金		△302		△320
投資その他の資産合計		573,697		450,083
固定資産合計		1,237,453		1,132,734
資産合計		2,288,188		2,238,817

（単位：百万円）

	前連結会計年度 （2022年3月31日）	当連結会計年度 （2023年3月31日）
負債の部		
流動負債		
支払手形及び買掛金	151,743	162,517
電子記録債務	96,442	84,853
短期借入金	※1 15,299	※1 27,140
1年内償還予定の社債	40,000	－
1年内返済予定の長期借入金	※1 10,468	※1 12,398
未払法人税等	28,994	12,345
賞与引当金	26,759	26,350
役員賞与引当金	875	676
その他の引当金	915	1,186
その他	※1 124,594	※1 139,926
流動負債合計	496,094	467,394
固定負債		
社債	50,000	50,000
長期借入金	※1 138,309	※1 134,243
繰延税金負債	100,141	58,946
役員退職慰労引当金	1,651	1,666
退職給付に係る負債	49,666	53,935
その他の引当金	3,751	3,727
その他	11,365	16,734
固定負債合計	354,885	319,253
負債合計	850,980	786,647
純資産の部		
株主資本		
資本金	104,986	104,986
資本剰余金	125,530	120,774
利益剰余金	941,169	987,986
自己株式	△26,469	△43,360
株主資本合計	1,145,216	1,170,386
その他の包括利益累計額		
その他有価証券評価差額金	203,794	119,451
繰延ヘッジ損益	△107	149
為替換算調整勘定	13,256	33,707
退職給付に係る調整累計額	3,820	1,422
その他の包括利益累計額合計	220,764	154,730
新株予約権	－	1
非支配株主持分	71,226	127,051
純資産合計	1,437,207	1,452,169
負債純資産合計	2,288,188	2,238,817

② 連結損益計算書及び連結包括利益計算書

連結損益計算書

（単位：百万円）

	前連結会計年度 （自 2021年4月1日 至 2022年3月31日）	当連結会計年度 （自 2022年4月1日 至 2023年3月31日）
売上高	※1 1,547,533	※1 1,638,833
売上原価	※4 1,212,769	※4 1,276,671
売上総利益	334,764	362,162
販売費及び一般管理費		
運賃	28,560	28,423
貸倒引当金繰入額	95	1,517
役員報酬及び給料手当	94,979	100,085
賞与引当金繰入額	10,902	11,422
役員賞与引当金繰入額	434	422
退職給付費用	4,505	5,070
役員退職慰労引当金繰入額	332	309
旅費	3,425	4,669
研究開発費	※4 19,080	※4 20,536
その他	98,940	113,067
販売費及び一般管理費合計	261,258	285,525
営業利益	73,505	76,636
営業外収益		
受取利息	428	999
受取配当金	5,709	5,457
持分法による投資利益	1,625	2,364
為替差益	3,680	5,378
その他	3,563	3,608
営業外収益合計	15,007	17,807
営業外費用		
支払利息	3,987	4,305
解体撤去費用	1,319	2,947
公開買付関連費用	1,408	－
新型コロナウイルス関連費用	176	－
その他	5,303	6,018
営業外費用合計	12,195	13,271
経常利益	76,318	81,172

	前連結会計年度 （自 2021年4月1日 至 2022年3月31日）	当連結会計年度 （自 2022年4月1日 至 2023年3月31日）
特別利益		
固定資産売却益	※2　1,653	※2　1,825
投資有価証券売却益	108,749	55,360
関係会社株式売却益	※6　879	
段階取得に係る差益	※7　3,320	※7　521
特別退職金戻入額	196	30
環境対策費戻入益	-	※8　366
負ののれん発生益	31	-
特別利益合計	114,830	58,105
特別損失		
固定資産除売却損	※3　1,663	※3　1,499
投資有価証券売却損	463	56
投資有価証券評価損	833	2,264
減損損失	※5　5,601	※5　23,838
独占禁止法関連損失	196	746
特別退職金	398	715
災害による損失	362	2
関係会社株式売却損	-	※9　596
関係会社清算損	※10　400	-
環境対策費	※11　285	
特別損失合計	10,205	29,719
税金等調整前当期純利益	180,943	109,558
法人税、住民税及び事業税	51,663	35,742
法人税等調整額	122	△2,192
法人税等合計	51,785	33,550
当期純利益	129,157	76,008
非支配株主に帰属する当期純利益	5,974	15,141
親会社株主に帰属する当期純利益	123,182	60,866

連結包括利益計算書

（単位：百万円）

	前連結会計年度 (自 2021年4月1日 至 2022年3月31日)	当連結会計年度 (自 2022年4月1日 至 2023年3月31日)
当期純利益	129,157	76,008
その他の包括利益		
その他有価証券評価差額金	△69,152	△83,816
繰延ヘッジ損益	69	251
為替換算調整勘定	21,314	24,087
退職給付に係る調整額	1,382	△1,879
持分法適用会社に対する持分相当額	△13	△790
その他の包括利益合計	※ △46,399	※ △62,147
包括利益	82,757	13,860
（内訳）		
親会社株主に係る包括利益	74,096	△5,166
非支配株主に係る包括利益	8,660	19,027

③ 連結株主資本等変動計算書

前連結会計年度（自　2021年4月1日　至　2022年3月31日）

（単位：百万円）

	株主資本				
	資本金	資本剰余金	利益剰余金	自己株式	株主資本合計
当期首残高	104,986	126,793	832,978	△10,886	1,053,871
会計方針の変更による累積的影響額			30		30
会計方針の変更を反映した当期首残高	104,986	126,793	833,008	△10,886	1,053,901
当期変動額					
剰余金の配当			△13,548		△13,548
親会社株主に帰属する当期純利益			123,182		123,182
自己株式の取得				△15,678	△15,678
自己株式の処分		3		96	99
非支配株主との取引に係る親会社の持分変動		△1,266			△1,266
非支配株主に係る売建プット・オプション負債の変動等			△1,472		△1,472
株主資本以外の項目の当期変動額（純額）					
当期変動額合計	－	△1,263	108,161	△15,582	91,315
当期末残高	104,986	125,530	941,169	△26,469	1,145,216

	その他の包括利益累計額					新株予約権	非支配株主持分	純資産合計
	その他有価証券評価差額金	繰延ヘッジ損益	為替換算調整勘定	退職給付に係る調整累計額	その他の包括利益累計額合計			
当期首残高	273,431	△176	△5,744	2,340	269,850	－	129,442	1,453,164
会計方針の変更による累積的影響額								30
会計方針の変更を反映した当期首残高	273,431	△176	△5,744	2,340	269,850	－	129,442	1,453,194
当期変動額								
剰余金の配当								△13,548
親会社株主に帰属する当期純利益								123,182
自己株式の取得								△15,678
自己株式の処分								99
非支配株主との取引に係る親会社の持分変動								△1,266
非支配株主に係る売建プット・オプション負債の変動等								△1,472
株主資本以外の項目の当期変動額（純額）	△69,636	69	19,001	1,480	△49,086	－	△58,215	△107,301
当期変動額合計	△69,636	69	19,001	1,480	△49,086	－	△58,215	△15,986
当期末残高	203,794	△107	13,256	3,820	220,764	－	71,226	1,437,207

当連結会計年度（自　2022年4月1日　至　2023年3月31日）

（単位：百万円）

	株主資本				
	資本金	資本剰余金	利益剰余金	自己株式	株主資本合計
当期首残高	104,986	125,530	941,169	△26,469	1,145,216
会計方針の変更による累積的影響額					－
会計方針の変更を反映した当期首残高	104,986	125,530	941,169	△26,469	1,145,216
当期変動額					
剰余金の配当			△15,226		△15,226
親会社株主に帰属する当期純利益			60,866		60,866
自己株式の取得				△16,971	△16,971
自己株式の処分		16		80	96
非支配株主との取引に係る親会社の持分変動		△4,772			△4,772
非支配株主に係る売建プット・オプション負債の変動等			1,176		1,176
株主資本以外の項目の当期変動額（純額）					
当期変動額合計	－	△4,756	46,816	△16,891	25,169
当期末残高	104,986	120,774	987,986	△43,360	1,170,386

	その他の包括利益累計額					新株予約権	非支配株主持分	純資産合計
	その他有価証券評価差額金	繰延ヘッジ損益	為替換算調整勘定	退職給付に係る調整累計額	その他の包括利益累計額合計			
当期首残高	203,794	△107	13,256	3,820	220,764	－	71,226	1,437,207
会計方針の変更による累積的影響額								－
会計方針の変更を反映した当期首残高	203,794	△107	13,256	3,820	220,764	－	71,226	1,437,207
当期変動額								
剰余金の配当								△15,226
親会社株主に帰属する当期純利益								60,866
自己株式の取得								△16,971
自己株式の処分								96
非支配株主との取引に係る親会社の持分変動								△4,772
非支配株主に係る売建プット・オプション負債の変動等								1,176
株主資本以外の項目の当期変動額（純額）	△84,342	256	20,450	△2,397	△66,033	1	55,824	△10,207
当期変動額合計	△84,342	256	20,450	△2,397	△66,033	1	55,824	14,961
当期末残高	119,451	149	33,707	1,422	154,730	1	127,051	1,452,169

④ 連結キャッシュ・フロー計算書

(単位：百万円)

	前連結会計年度 （自 2021年4月1日 至 2022年3月31日）	当連結会計年度 （自 2022年4月1日 至 2023年3月31日）
営業活動によるキャッシュ・フロー		
税金等調整前当期純利益	180,943	109,558
減価償却費	64,195	70,800
減損損失	5,601	23,838
のれん償却額	2,386	4,664
退職給付に係る負債の増減額（△は減少）	3,091	1,802
退職給付に係る資産の増減額（△は増加）	△938	△941
貸倒引当金の増減額（△は減少）	576	803
受取利息及び受取配当金	△6,137	△6,456
支払利息	3,987	4,305
持分法による投資損益（△は益）	△1,625	△2,364
投資有価証券売却損益（△は益）	△108,285	△55,304
投資有価証券評価損益（△は益）	833	2,264
固定資産除売却損益（△は益）	9	△326
関係会社株式売却損益（△は益）	△879	596
段階取得に係る差益	△3,320	△521
売上債権及び契約資産の増減額（△は増加）	△23,276	12,889
棚卸資産の増減額（△は増加）	△12,265	△14,012
仕入債務の増減額（△は減少）	6,362	△5,473
未払又は未収消費税等の増減額	△7,830	329
その他	6,703	10,819
小計	110,132	157,271
利息及び配当金の受取額	7,349	7,008
利息の支払額	△4,012	△4,276
法人税等の支払額又は還付額（△は支払）	△48,721	△53,923
営業活動によるキャッシュ・フロー	64,748	106,080

	前連結会計年度 （自 2021年4月1日 至 2022年3月31日）	当連結会計年度 （自 2022年4月1日 至 2023年3月31日）
投資活動によるキャッシュ・フロー		
定期預金の預入による支出	△7,295	△4,069
定期預金の払戻による収入	1,859	202
有価証券の取得による支出	−	△4,999
有価証券の売却による収入	2,800	3,000
有形固定資産の取得による支出	△42,539	△65,394
有形固定資産の売却による収入	7,426	3,484
無形固定資産の取得による支出	△12,729	△18,701
投資有価証券の取得による支出	△3,870	△6,877
投資有価証券の売却及び償還による収入	115,931	70,532
連結の範囲の変更を伴う子会社株式の取得 による支出	※2 △25,968	※2 △6,517
連結の範囲の変更を伴う子会社株式の売却 による支出	△62	−
連結の範囲の変更を伴う子会社株式の売却 による収入	370	52
関連会社株式の取得による支出	△450	△898
関連会社株式の売却による収入	−	1,251
その他	△2,669	△2,478
投資活動によるキャッシュ・フロー	32,802	△31,414
財務活動によるキャッシュ・フロー		
短期借入金の純増減額（△は減少）	△18,532	10,735
長期借入れによる収入	19,124	4,924
長期借入金の返済による支出	△91,437	△12,663
社債の償還による支出	−	△40,000
自己株式の取得による支出	△15,678	△16,971
連結子会社の自己株式の取得による支出	−	△397
配当金の支払額	△13,619	△15,315
非支配株主への配当金の支払額	△1,353	△593
連結の範囲の変更を伴わない子会社株式の取得 による支出	△62,145	△10,081
連結の範囲の変更を伴わない子会社株式の売却 による収入	−	33,431
非支配株主からの払込みによる収入	2	1,465
その他	△3,315	△4,662
財務活動によるキャッシュ・フロー	△186,956	△50,128
現金及び現金同等物に係る換算差額	6,433	8,804
現金及び現金同等物の増減額（△は減少）	△82,972	33,342
現金及び現金同等物の期首残高	497,237	414,265
現金及び現金同等物の期末残高	※1 414,265	※1 447,607

【注記事項】

（連結財務諸表作成のための基本となる重要な事項）

1　連結の範囲に関する事項 ·······························

（1）　連結子会社数　219社

主要な連結子会社名は「第1企業の概況4関係会社の状況」に記載しているため省略しております。

　　なお，当連結会計年度より，新規設立等によりTOPPAN（株）他20社の計21社を連結の範囲に含めております。

　　また，当連結会計年度において，合併等により（株）トッパンマインドウェルネス他8社の計9社が減少しております。

(2)　非連結子会社の名称

　　（株）メモリア

　　（株）C-Route

（連結の範囲から除いた理由）

　　非連結子会社2社は，いずれも小規模会社であり，合計の総資産，売上高，当期純損益（持分に見合う額）及び利益剰余金（持分に見合う額）等は，いずれも連結財務諸表に重要な影響を及ぼしていないためであります。

2　持分法の適用に関する事項 ···

(1)　全ての非連結子会社及び関連会社に対して持分法を適用しております。

(2)　非連結子会社数　2社

　　「1　連結の範囲に関する事項(2)非連結子会社の名称」に記載のとおりであります。

(3)　関連会社数　30社

　　主要な関連会社名は「第1企業の概況4関係会社の状況」に記載しているため省略しております。なお，当連結会計年度より，株式の取得によりBELLSYSTEM24 VIETNAM Inc.他2社の計3社を持分法適用の関連会社の範囲に含めております。

　　また，当連結会計年度において，株式の追加取得に伴う連結子会社化等によりICI（株）他1社の計2社が減少しております。

(4)　他の会社等の議決権の100分の20以上，100分の50以下を自己の計算において所有しているにもかかわらず，関連会社としなかった当該他の会社等の名称

（株）やなせスタジオ

（関連会社としなかった理由）

　出資目的及び取引等の状況の実態から，財務及び営業又は事業の方針の決定に対し，重要な影響を与えていないため関連会社に含めておりません。

3　連結子会社の事業年度等に関する事項

　連結子会社のうち，Toppan Leefung Pte. Ltd.他99社の決算日は12月31日，（株）アイオイ・システム他4社の決算日は2月28日であり，それぞれ連結決算日との差は3か月以内であるため，連結財務諸表の作成にあたっては，同日現在の財務諸表を使用し，連結決算日との間に生じた重要な取引については，連結上必要な調整を行っております。

　東京書籍（株）の決算日は8月31日であり，連結決算日現在で本決算に準じた仮決算を行った財務諸表を使用しております。

　（株）Lentrance他1社の決算日は9月30日であり，連結決算日現在で本決算に準じた仮決算を行った財務諸表を使用しております。Toppan Photomasks Company Ltd.,Shanghai他6社の決算日は12月31日であり，連結決算日現在で本決算に準じた仮決算を行った財務諸表を使用しております。

　なお，当連結会計年度において中華凸版電子股份有限公司他1社は決算日を12月31日から3月31日に変更し，連結決算日と同日となっております。この決算期変更により，当連結会計年度において，2022年1月1日から2023年3月31日までの15か月間を連結し，決算日変更に伴う影響額は連結損益計算書を通して調整しております。また，連結子会社の（株）MISAの決算日は従来8月31日であったため，連結財務諸表の作成にあたり，連結決算日現在で実施した仮決算に基づく財務諸表を使用しておりましたが，当連結会計年度より決算日を3月31日に変更し，連結決算日と同日となっております。この変更に伴う連結財務諸表への影響はありません。

4 会計方針に関する事項 ···

（1） 重要な資産の評価基準及び評価方法 ·····································

a 有価証券

　　満期保有目的の債券…償却原価法（定額法）

　　その他有価証券

　　　　市場価格のない株式等以外のもの…時価法（評価差額は全部純資産直入法
　　　　　　　　　　　　　　　　　　　　により処理し，売却原価は主として移
　　　　　　　　　　　　　　　　　　　　動平均法により算定しております。）

　　　　市場価格のない株式等…主として移動平均法による原価法投資事業有限
　　　　　　　　　　　　　　　　責任組合及びそれに類する組合への出資（金融商
　　　　　　　　　　　　　　　　品取引法第2条第2項により有価証券とみなされ
　　　　　　　　　　　　　　　　るもの）
　　　　　　　　　　　　　　　…組合契約に規定される決算報告日に応じて入手可
　　　　　　　　　　　　　　　　能な最近の決算書を基礎とし，持分相当額を純額
　　　　　　　　　　　　　　　　で取り込む方法によっております。

b デリバティブ…時価法

c 棚卸資産

　　商品，製品及び仕掛品…主として個別法による原価法
　　　　　　　　　　　　　　（貸借対照表価額については収益性の低下に基づく簿
　　　　　　　　　　　　　　価切下げの方法）

　　原材料　　　　　　…主として移動平均法による原価法
　　　　　　　　　　　　　　（貸借対照表価額については収益性の低下に基づく簿
　　　　　　　　　　　　　　価切下げの方法）

　　貯蔵品　　　　　　…主として最終仕入原価
　　　　　　　　　　　　　　（貸借対照表価額については収益性の低下に基づく簿
　　　　　　　　　　　　　　価切下げの方法）

（2） 重要な減価償却資産の減価償却の方法 ·······························

a 有形固定資産（リース資産及び使用権資産を除く）

主として定額法を採用しております。

なお，主な耐用年数は以下のとおりであります。

建物及び構築　　…8～50年

機械装置及び運搬具…2～15年

b　無形固定資産（リース資産を除く）

主として定額法を採用しております。

なお，自社利用のソフトウェアについては，社内における利用可能期間（1～10年）に基づく定額法を採用しております。

c　リース資産

所有権移転外ファイナンス・リース取引に係るリース資産リース期間を耐用年数とし，残存価額を零とする定額法を採用しております。

d　使用権資産

リース期間又は当該資産の耐用年数のうち，いずれか短い方の期間を耐用年数とし，残存価額を零とする定額法を採用しております。

(3)　重要な引当金の計上基準 ………………………………………………

a　貸倒引当金

売上債権，貸付金等の貸倒損失に備えるため，一般債権については貸倒実績率により，貸倒懸念債権等特定の債権については個別に回収可能性を検討し，回収不能見込額を計上しております。

b　賞与引当金

従業員に対して支給する賞与の支出に充てるため，支給見込額に基づき計上しております。

c　役員賞与引当金

役員に対して支給する賞与の支出に充てるため，支給見込額に基づき計上しております。

d　役員退職慰労引当金

一部の連結子会社は，役員の退職慰労金の支出に備えるため，役員退職慰労金規程に基づく期末要支給額を計上しております。

(4)　退職給付に係る会計処理の方法 ···

a　退職給付見込額の期間帰属方法

　　退職給付債務の算定にあたり，退職給付見込額を当連結会計年度末までの期間に帰属させる方法については，給付算定式基準によっております。

b　数理計算上の差異及び過去勤務費用の費用処理方法

　　過去勤務費用は，その発生時の従業員の平均残存勤務期間以内の一定の年数（主として13年）による定額法により費用処理しております。

　　数理計算上の差異は，各連結会計年度の発生時における従業員の平均残存勤務期間以内の一定の年数（確定給付企業年金制度については主として1年，退職一時金制度については主として12年）による定額法により按分した額を，それぞれ発生の翌連結会計年度から費用処理しております。

c　小規模企業等における簡便法の採用

　　一部の連結子会社は，退職給付に係る負債及び退職給付費用の計算に，退職給付に係る期末自己都合要支給額を退職給付債務とする方法を用いた簡便法を適用しております。

(5)　重要な収益及び費用の計上基準 ···

a　製品及び商品の販売に係る収益認識

　　国内販売においては主に顧客に製品又は商品が到着した時に，輸出販売においては主にインコタームズ等で定められた貿易条件に基づき支配が顧客に移転した時に収益を認識しております。

b　一定期間にわたって支配が移転する取引に係る収益認識

　　BPOサービス，ソフトウェア・コンテンツの受注制作業務及びスペースデザイン・施工業務等について，財又はサービスに対する支配が顧客に一定の期間にわたり移転する場合には，財又はサービスを顧客に移転する履行義務を充足するにつれて，一定の期間にわたり収益を認識しております。履行義務の充足に係る進捗度の測定は，主に各報告期間の期末日までに発生した実際原価が，予想される総原価の合計に占める割合に基づいて行っております。なお，契約の初期段階等，履行義務の充足に係る進捗度を合理的に見積もることができな

いが，発生する費用を回収することが見込まれる場合は，原価回収基準にて収益を認識しております。

c 代理人取引に係る収益認識

　　顧客への財又はサービスの提供における当社グループの役割が代理人に該当する取引（顧客に移転する財又はサービスの支配を獲得せず，これらの財又はサービスを手配するサービスのみを提供している取引）については，顧客から受け取る額から仕入先に支払う額を控除した純額で収益を認識しております。

d 有償支給取引に係る収益認識

　　有償支給した支給品を買い戻す義務を負っている場合，有償支給先に残存する支給品について棚卸資産を引き続き認識するとともに，当該支給品の期末棚卸高相当額について有償支給に係る負債を認識しております。なお，当該取引において支給品の譲渡に係る収益は認識しておりません。

e 有償受給取引に係る収益認識

　　原材料等の仕入価格を控除した純額で収益を認識するとともに，当社グループに残存する当該支給品の期末棚卸高相当額について有償支給に係る資産を認識しております。

f 返品権付きの販売に係る収益認識

　　返品されると見込まれる製品又は商品については，変動対価に関する定めに従って，販売時に収益及び売上原価相当額を認識せず，当該製品又は商品について受け取った又は受け取る対価の額で返金負債を認識し，返金負債の決済時に顧客から当該製品又は商品を回収する権利を返品資産として認識しております。

(6) 重要な外貨建の資産又は負債の本邦通貨への換算の基準 ‥‥‥‥‥‥‥‥

　　外貨建金銭債権債務は，連結決算日の直物為替相場により円貨に換算し，換算差額は損益として処理しております。なお，在外子会社等の資産及び負債並びに収益及び費用は，連結決算日の直物為替相場により円貨に換算し，換算差額は純資産の部における為替換算調整勘定及び非支配株主持分に含めております。

(7) 重要なヘッジ会計の方法 ··

a　ヘッジ会計の方法

　　主として繰延ヘッジ処理を適用しております。ただし，為替予約の一部については振当処理の要件を満たしている場合は振当処理を，金利スワップについては特例処理の要件を満たしている場合には特例処理を適用しております。

b　ヘッジ手段とヘッジ対象

ヘッジ手段	ヘッジ対象
為替予約	外貨建債権債務及び外貨建予定取引
金利スワップ	社債及び借入金

c　ヘッジ方針

　　主として，当社の経理規程附属細則に定めている「金融商品リスク管理」及び「金融商品リスク管理ガイドライン」に基づき，為替変動リスク及び金利変動リスクをヘッジしております。

d　ヘッジ有効性評価の方法

　　ヘッジ開始時から有効性判定時点までの期間において，ヘッジ対象とヘッジ手段の相場変動又はキャッシュ・フロー変動の累計を比較し，両者の変動額等を基礎にして有効性の判定を行っております。ただし，金利スワップについては，特例処理の要件に該当すると判定される場合には，有効性の判定は省略しております。

(8) のれんの償却方法及び償却期間 ··

　　のれんは，効果の発現期間（3年〜15年）にわたり規則的に償却しております。

(9) 連結キャッシュ・フロー計算書における資金の範囲 ······················

　　連結キャッシュ・フロー計算書における資金（現金及び現金同等物）は，手許現金，随時引き出し可能な預金及び容易に換金可能であり，かつ，価値の変動について僅少なリスクしか負わない取得日から3か月以内に償還期限の到来する短期投資からなっております。

（10）　その他連結財務諸表作成のための重要な事項 ·······························

a　繰延資産の処理方法

　　社債発行費は支出時に全額費用として処理しております。

b　消費税等の会計処理

　　消費税及び地方消費税の会計処理は，税抜方式によっており，資産に係る控除対象外消費税及び地方消費税は当連結会計年度の費用として処理しております。

（重要な会計上の見積り）

　（固定資産の減損損失の認識の要否）

（1）　当連結会計年度の連結財務諸表に計上した金額

　　有形固定資産597,301百万円，無形固定資産85,350百万円

（2）　識別した項目に係る重要な会計上の見積りの内容に関する情報

　　当社グループは，固定資産について，決算日ごとに資産グループ単位で減損の兆候の有無を判定しております。減損の兆候となる主な事象としては，営業活動から生じる損益が継続してマイナス，又は資産の用途もしくは経営戦略の著しい変更，経営環境の著しい悪化等が該当します。

　　減損の兆候が存在すると判定された場合は，当該資産グループの割引前の将来キャッシュ・フローを見積り，当該資産グループの帳簿価額が割引前将来キャッシュ・フローを上回る場合には，回収可能価額を見積っております。回収可能価額の算定に当たっては，原則として遊休資産は正味売却価額，その他の資産は使用価値又は正味売却価額を適用しております。使用価値は，資産の経済的残存使用年数を見積り期間とした将来キャッシュ・フローを割引率で割り引いた現在価値としており，現時点で合理的であると判断される一定の仮定に基づいております。将来キャッシュ・フローは当社取締役会等で承認された中長期の事業計画に基づいており，中長期の事業計画は，当該品種の直近の経営成績，外部調査機関から入手した市場予測データ，得意先から提示を受けた製品調達に係る計画，販売価格戦略及び原価削減施策等を踏まえ，経営者が合理的と考える将来の市場動向及び今後の投資計画等に基づいた成長率等によ

り見積っております。割引率は当社グループの過去の加重平均資本コストを基礎として見積っております。正味売却価額は，処分費用見込額控除後の時価としており，時価の算定には観察可能な市場取引又は鑑定評価額等の合理的に算定された額を使用しております。

　なお，当社グループは，多種多様な製品の開発，生産，販売からサービスの提供等，幅広い事業活動を展開しており，事業活動に影響を及ぼす要因も非常に多岐に渡っております。このような将来の不確実な市場環境の変動により，経営者による見積りと実際の結果が大きく異なることがあります。見積りに用いた仮定の見直しが必要となった場合，翌連結会計年度の連結財務諸表において認識する金額に重要な影響を与える可能性があります。

（退職給付債務及び退職給付費用）
(1)　当連結会計年度の連結財務諸表に計上した金額
　　　退職給付に係る負債53,935百万円，退職給付に係る資産4,281百万円
(2)　識別した項目に係る重要な会計上の見積りの内容に関する情報
　　　当社及び一部の連結子会社は，各種の退職給付及び年金制度を有しており，将来の従業員に対する退職給付の支払いに備えるため，退職給付に係る資産・負債及び退職給付費用を計上しております。これらの制度に係る退職給付に係る資産・負債及び退職給付費用は，数理計算上の仮定に基づいて算定されております。数理計算上の仮定には割引率，年金資産の長期期待運用収益率，昇給率，退職率及び死亡率等が含まれております。割引率については，年金数理人の提供する固定利付国債のイールド情報に基づいて決定しており，年金資産の長期期待運用収益率については，現在及び見込みの資産配分に対する見込長期収益率を考慮して決定しております。また，昇給率，退職率及び死亡率については年金数理人の提供する統計情報を踏まえたものとなっております。

　　　経営者は各条件が決算日において十分に合理的と考えておりますが，将来の不確実な経済条件の変動の結果により影響を受ける可能性があり，見直しが必要となった場合，翌連結会計年度の連結財務諸表において認識する金額に重要な影響を与える可能性があります。

（会計方針の変更）

　（時価の算定に関する会計基準の適用）

　「時価の算定に関する会計基準の適用指針」（企業会計基準適用指針第31号　2021年6月17日。以下「時価算定会計基準適用指針」という。）を当連結会計年度の期首から適用し，時価算定会計基準第27-2項に定める経過的な取扱いに従って，時価算定会計基準適用指針が定める新たな会計方針を将来にわたって適用することとしております。これによる連結財務諸表に与える影響は軽微であります。

　なお，「金融商品関係」注記の金融商品の時価のレベルごとの内訳等に関する事項における投資信託に関する注記事項においては，時価算定会計基準適用指針第27-3項に従って，前連結会計年度に係るものについては記載しておりません。

（未適用の会計基準等）
　・「法人税，住民税及び事業税等に関する会計基準」（企業会計基準第27号　2022年10月28日）
　・「包括利益の表示に関する会計基準」（企業会計基準第25号　2022年10月28日）
　・「税効果会計に係る会計基準の適用指針」（企業会計基準適用指針第28号　2022年10月28日）
（1）　概要
　　その他の包括利益に対して課税される場合の法人税等の計上区分及びグループ法人税制が適用される場合の子会社株式等の売却に係る税効果の取扱いを定めるものであります。
（2）　適用予定日
　　2025年3月期の期首より適用予定であります。
（3）　当該会計基準等の適用による影響
　　影響額は，当連結財務諸表の作成時において評価中であります。

（表示方法の変更）

（連結キャッシュ・フロー計算書関係）

　前連結会計年度において区分掲記していた「長期貸付けによる支出」は，金額的重要性が乏しくなったため，当連結会計年度においては投資活動によるキャッシュ・フローの「その他」に含めて表示しております。この表示方法の変更を反映させるため，前連結会計年度の連結財務諸表の組替えを行っております。　この結果，前連結会計年度の連結キャッシュ・フロー計算書において，投資活動によるキャッシュ・フローの「長期貸付けによる支出」に表示していた△22百万円は「その他」として組替えております。

（会計上の見積りの変更）

（退職給付に係る会計処理の数理計算上の差異の費用処理年数の変更）

　退職一時金制度に係る会計処理において，従来，数理計算上の差異の費用処理年数は主として13年としておりましたが，従業員の平均残存勤務期間が短縮したため，当連結会計年度より費用処理年数を主として12年に変更しております。なお，当連結会計年度の営業利益，経常利益及び税金等調整前当期純利益に与える影響は軽微であります。

2 財務諸表等

(1) 財務諸表 ··

① 貸借対照表

（単位：百万円）

	前事業年度 （2022年3月31日）		当事業年度 （2023年3月31日）	
資産の部				
流動資産				
現金及び預金		294,621		227,506
受取手形	※1	10,408	※1	8,019
電子記録債権		31,097		31,731
売掛金及び契約資産	※1	216,398	※1	206,622
有価証券		24,000		70,999
商品及び製品		23,525		29,782
仕掛品		14,097		16,785
原材料及び貯蔵品		7,438		7,235
未収還付法人税等		－		1,865
その他	※1	32,743	※1	35,503
貸倒引当金		△1,063		△1,646
流動資産合計		653,266		634,407
固定資産				
有形固定資産				
建物		120,252		113,650
構築物		2,471		2,547
機械及び装置		60,700		58,825
車両運搬具		131		259
工具、器具及び備品		7,910		8,421
土地		78,752		78,247
リース資産		106		72
建設仮勘定		10,563		15,020
有形固定資産合計		280,889		277,044
無形固定資産				
特許権		7		11
借地権		218		218
ソフトウエア		15,255		22,391
その他		371		367
無形固定資産合計		15,853		22,989
投資その他の資産				
投資有価証券		399,558		283,845
関係会社株式	※2	408,282	※2	378,610
出資金		8		35
関係会社出資金		－		964
関係会社長期貸付金		7,423		7,867
前払年金費用		1,692		2,388
その他		6,425		4,253
貸倒引当金		△4,076		△2,578
投資その他の資産合計		819,315		675,386
固定資産合計		1,116,058		975,420
資産合計		1,769,325		1,609,827

	前事業年度 （2022年3月31日）	当事業年度 （2023年3月31日）
負債の部		
流動負債		
支払手形	※1 19,479	※1 14,838
電子記録債務	※1 74,166	※1 62,088
買掛金	※1 88,359	※1 100,557
関係会社短期借入金	114,366	107,158
1年内返済予定の長期借入金	6,000	6,000
1年内償還予定の社債	40,000	－
リース債務	62	41
未払金	※1 26,031	※1 23,490
未払費用	※1 14,810	※1 18,028
未払法人税等	18,423	－
預り金	※1 1,584	※1 1,833
賞与引当金	7,950	8,252
役員賞与引当金	135	89
関係会社株式売却損失引当金	7,737	－
その他の引当金	193	5
その他	※1 11,902	※1 18,297
流動負債合計	431,203	360,681
固定負債		
社債	50,000	50,000
長期借入金	90,500	84,500
リース債務	62	43
繰延税金負債	70,737	38,042
退職給付引当金	17,831	19,011
その他の引当金	3,076	2,701
その他	1,653	1,576
固定負債合計	233,860	195,876
負債合計	665,064	556,557

	前事業年度 （2022年3月31日）	当事業年度 （2023年3月31日）
純資産の部		
株主資本		
資本金	104,986	104,986
資本剰余金		
資本準備金	117,738	117,738
その他資本剰余金	3	19
資本剰余金合計	117,741	117,758
利益剰余金		
利益準備金	17,514	17,514
その他利益剰余金		
固定資産圧縮積立金	7,373	6,824
投資促進税制積立金	164	251
別途積立金	400,200	400,200
繰越利益剰余金	302,278	340,623
利益剰余金合計	727,532	765,414
自己株式	△25,316	△42,206
株主資本合計	924,943	945,952
評価・換算差額等		
その他有価証券評価差額金	179,423	107,150
繰延ヘッジ損益	△107	167
評価・換算差額等合計	179,316	107,317
純資産合計	1,104,260	1,053,270
負債純資産合計	1,769,325	1,609,827

②　損益計算書

（単位：百万円）

	前事業年度 （自　2021年4月1日 至　2022年3月31日）		当事業年度 （自　2022年4月1日 至　2023年3月31日）	
売上高	※2	823,702	※2	802,638
売上原価	※2	699,088	※2	672,659
売上総利益		124,614		129,979
販売費及び一般管理費	※1,2	118,169	※1,2	123,072
営業利益		6,444		6,906
営業外収益				
受取利息	※2	257	※2	308
受取配当金	※2	37,075	※2	23,821
設備賃貸料		2,690	※2	2,703
その他	※2	5,876	※2	3,656
営業外収益合計		45,900		30,489
営業外費用				
支払利息	※2	2,048	※2	1,756
解体撤去費用		1,266		2,234
その他	※2	1,309	※2	1,707
営業外費用合計		4,624		5,699
経常利益		47,719		31,697
特別利益				
固定資産売却益		1,012		1,111
投資有価証券売却益		108,388		54,759
関係会社株式売却益		-		554
貸倒引当金戻入額		846		1,462
環境対策費戻入益		-		366
特別退職金戻入額		18		3
抱合せ株式消滅差益		-		152
特別利益合計		110,265		58,409
特別損失				
固定資産除売却損		1,273		939
投資有価証券評価損		720		1,474
投資有価証券売却損		431		48
関係会社株式評価損	※3	198	※3	10,351
関係会社株式売却損		-		154
関係会社株式売却損失引当金繰入額		7,737		-
減損損失		1,294		9,184
環境対策費		285		-
特別退職金		12		5
特別損失合計		11,954		22,158
税引前当期純利益		146,031		67,948
法人税、住民税及び事業税		34,435		16,034
法人税等調整額		△50		△1,284
法人税等合計		34,384		14,750
当期純利益		111,646		53,198

③ 株主資本等変動計算書

前事業年度（自　2021年4月1日　至　2022年3月31日）

（単位：百万円）

	株主資本				利益剰余金
	資本金	資本剰余金			
		資本準備金	その他資本剰余金	資本剰余金合計	利益準備金
当期首残高	104,986	117,738	-	117,738	17,514
当期変動額					
固定資産圧縮積立金の取崩					
投資促進税制積立金の積立					
投資促進税制積立金の取崩					
剰余金の配当					
当期純利益					
自己株式の取得					
自己株式の処分			3	3	
株主資本以外の項目の当期変動額（純額）					
当期変動額合計	-	-	3	3	-
当期末残高	104,986	117,738	3	117,741	17,514

	株主資本				
	利益剰余金				
	その他利益剰余金				利益剰余金合計
	固定資産圧縮積立金	投資促進税制積立金	別途積立金	繰越利益剰余金	
当期首残高	7,629	100	400,200	204,066	629,510
当期変動額					
固定資産圧縮積立金の取崩	△255			255	-
投資促進税制積立金の積立		95		△95	-
投資促進税制積立金の取崩		△30		30	-
剰余金の配当				△13,625	△13,625
当期純利益				111,646	111,646
自己株式の取得					-
自己株式の処分					-
株主資本以外の項目の当期変動額（純額）					
当期変動額合計	△255	64	-	98,212	98,021
当期末残高	7,373	164	400,200	302,278	727,532

（単位：百万円）

	株主資本		評価・換算差額等			純資産合計
	自己株式	株主資本合計	その他有価証券評価差額金	繰延ヘッジ損益	評価・換算差額等合計	
当期首残高	△9,735	842,499	248,290	△176	248,114	1,090,613
当期変動額						
固定資産圧縮積立金の取崩		−				−
投資促進税制積立金の積立		−				−
投資促進税制積立金の取崩		−				−
剰余金の配当		△13,625				△13,625
当期純利益		111,646				111,646
自己株式の取得	△15,678	△15,678				△15,678
自己株式の処分	98	101				101
株主資本以外の項目の当期変動額（純額）			△68,866	69	△68,797	△68,797
当期変動額合計	△15,580	82,443	△68,866	69	△68,797	13,646
当期末残高	△25,316	924,943	179,423	△107	179,316	1,104,260

当事業年度（自　2022年4月1日　至　2023年3月31日）

（単位：百万円）

	株主資本				利益剰余金
	資本金	資本剰余金			利益準備金
		資本準備金	その他資本剰余金	資本剰余金合計	
当期首残高	104,986	117,738	3	117,741	17,514
当期変動額					
固定資産圧縮積立金の取崩					
投資促進税制積立金の積立					
投資促進税制積立金の取崩					
剰余金の配当					
当期純利益					
自己株式の取得					
自己株式の処分			16	16	
株主資本以外の項目の当期変動額（純額）					
当期変動額合計	－	－	16	16	－
当期末残高	104,986	117,738	19	117,758	17,514

	株主資本				
	利益剰余金				
	その他利益剰余金				利益剰余金合計
	固定資産圧縮積立金	投資促進税制積立金	別途積立金	繰越利益剰余金	
当期首残高	7,373	164	400,200	302,278	727,532
当期変動額					
固定資産圧縮積立金の取崩	△548			548	－
投資促進税制積立金の積立		86		△86	－
投資促進税制積立金の取崩					
剰余金の配当				△15,316	△15,316
当期純利益				53,198	53,198
自己株式の取得					
自己株式の処分					
株主資本以外の項目の当期変動額（純額）					
当期変動額合計	△548	86	－	38,344	37,882
当期末残高	6,824	251	400,200	340,623	765,414

	株主資本		評価・換算差額等			純資産合計
	自己株式	株主資本合計	その他有価証券評価差額金	繰延ヘッジ損益	評価・換算差額等合計	
当期首残高	△25,316	924,943	179,423	△107	179,316	1,104,260
当期変動額						
固定資産圧縮積立金の取崩	–					–
投資促進税制積立金の積立	–					–
投資促進税制積立金の取崩	–					–
剰余金の配当		△15,316				△15,316
当期純利益		53,198				53,198
自己株式の取得	△16,971	△16,971				△16,971
自己株式の処分	80	97				97
株主資本以外の項目の当期変動額（純額）			△72,273	274	△71,998	△71,998
当期変動額合計	△16,890	21,008	△72,273	274	△71,998	△50,990
当期末残高	△42,206	945,952	107,150	167	107,317	1,053,270

【注記事項】

（重要な会計方針）

1　有価証券の評価基準及び評価方法 ･･････････････････････････････････････

（1）　満期保有目的の債券 ･･

…償却原価法（定額法）

（2）　子会社株式及び関連会社株式 ･･････････････････････････････････････

…移動平均法による原価法

（3）　その他有価証券 ･･

市場価格のない株式等以外のもの…時価法（評価差額は全部純資産直入法により処理し，売却原価は主として移動平均法により算定しております。）

市場価格のない株式等…主として移動平均法による原価法投資事業有限責任組合及びそれに類する組合への出資（金融商品取引法第2条第2項により有価証券とみなされるもの）

…組合契約に規定される決算報告日に応じて入手可
能な最近の決算書を基礎とし，持分相当額を純額
で取り込む方法によっております。

2 デリバティブの評価基準及び評価方法

…時価法

3 棚卸資産の評価基準及び評価方法

（1） 商品・製品・仕掛品

…個別法による原価法

（貸借対照表価額については収益性の低下に基づく簿価切下げの方法）

（2） 原材料

…移動平均法による原価法

（貸借対照表価額については収益性の低下に基づく簿価切下げの方法）

（3） 貯蔵品

…最終仕入原価法

（貸借対照表価額については収益性の低下に基づく簿価切下げの方法）

4 固定資産の減価償却の方法

（1） 有形固定資産（リース資産を除く）

定額法を採用しております。

なお，主な耐用年数は以下のとおりであります。

建物 　　　…8〜50年

機械及び装置…2〜10年

（2） 無形固定資産（リース資産を除く）

定額法を採用しております。

なお，自社利用のソフトウェアについては，社内における利用可能期間（5年）

に基づく定額法を採用しております。

（3） リース資産 ···

所有権移転外ファイナンス・リース取引に係るリース資産

リース期間を耐用年数とし，残存価額を零とする定額法を採用しております。

5　繰延資産の処理方法 ···

社債発行費

支出時に全額費用として処理しております。

6　引当金の計上基準 ···

（1）　貸倒引当金 ···

売上債権，貸付金等の貸倒損失に備えるため，一般債権については貸倒実績率により，貸倒懸念債権等特定の債権については個別に回収可能性を検討し，回収不能見込額を計上しております。

（2）　賞与引当金 ···

従業員に対して支給する賞与の支出に充てるため，支給見込額に基づき計上しております。

（3）　役員賞与引当金 ···

役員に対して支給する賞与の支出に充てるため，支給見込額に基づき計上しております。

（4）　退職給付引当金 ···

従業員の退職給付に備えるため，当事業年度末における退職給付債務及び年金資産の見込額に基づき計上しております。

①　退職給付見込額の期間帰属方法

退職給付債務の算定にあたり，退職給付見込額を当事業年度末までの期間に帰

属させる方法については，給付算定式基準によっております。

② **数理計算上の差異の費用処理方法**

　数理計算上の差異は，各事業年度の発生時における従業員の平均残存勤務期間以内の一定の年数（確定給付企業年金制度については1年，退職一時金制度については12年）による定額法により按分した額を，それぞれ発生の翌事業年度から費用処理することとしております。

7　重要な収益及び費用の計上基準 ··································

（1）　製品及び商品の販売に係る収益認識 ··························

　国内販売においては主に顧客に製品又は商品が到着した時に，輸出販売においては主にインコタームズ等で定められた貿易条件に基づき支配が顧客に移転した時に収益を認識しております。

（2）　一定期間にわたって支配が移転する取引に係る収益認識 ··········

　BPOサービス，ソフトウェア・コンテンツの受注制作業務及びスペースデザイン・施工業務等について，財又はサービスに対する支配が顧客に一定の期間にわたり移転する場合には，財又はサービスを顧客に移転する履行義務を充足するにつれて，一定の期間にわたり収益を認識しております。履行義務の充足に係る進捗度の測定は，主に各報告期間の期末日までに発生した実際原価が，予想される総原価の合計に占める割合に基づいて行っております。なお，契約の初期段階等，履行義務の充足に係る進捗度を合理的に見積もることができないが，発生する費用を回収することが見込まれる場合は，原価回収基準にて収益を認識しております。

（3）　代理人取引に係る収益認識 ··································

　顧客への財又はサービスの提供における当社の役割が代理人に該当する取引（顧客に移転する財又はサービスの支配を獲得せず，これらの財又はサービスを手配するサービスのみを提供している取引）については，顧客から受け取る額から仕入先に支払う額を控除した純額で収益を認識しております。

(4) 有償支給取引に係る収益認識 ·······························

有償支給した支給品の譲渡時に当該支給品の消滅を認識しております。なお，当該取引において支給品の譲渡に係る収益は認識しておりません。

(5) 有償受給取引に係る収益認識 ·······························

原材料等の仕入価格を控除した純額で収益を認識するとともに，当社に残存する当該支給品について棚卸資産を認識しております。

8 ヘッジ会計の方法 ···

(1) ヘッジ会計の方法 ···

主として繰延ヘッジ処理を適用しております。ただし，為替予約の一部取引については振当処理の要件を満たしている場合は振当処理を，金利スワップについては特例処理の要件を満たしている場合には特例処理を適用しております。

(2) ヘッジ手段とヘッジ対象 ·······································

ヘッジ手段	ヘッジ対象
為替予約	外貨建債権債務及び外貨建予定取引
金利スワップ	社債及び借入金

(3) ヘッジ方針 ···

主として，当社の経理規程附属細則に定めている「金融商品リスク管理」及び「金融商品リスク管理ガイドライン」に基づき，為替変動リスク及び金利変動リスクをヘッジしております。

(4) ヘッジ有効性評価の方法 ·······································

ヘッジ開始時から有効性判定時点までの期間において，ヘッジ対象とヘッジ手段の相場変動又はキャッシュ・フロー変動の累計を比較し，両者の変動額等を基礎にして有効性の判定を行っております。ただし，金利スワップについては，特例処理の要件に該当すると判定される場合には，有効性の判定は省略しております。

9 その他財務諸表作成のための重要な事項 ·················

(1) 退職給付に係る会計処理 ·····························

　退職給付に係る未認識数理計算上の差異の会計処理の方法は，連結財務諸表における会計処理の方法と異なっております。

(2) 消費税等の会計処理 ·······························

　資産に係る控除対象外消費税及び地方消費税は当事業年度の費用として処理しております。

（重要な会計上の見積り）

　（固定資産の減損損失の認識の要否）

(1) 当事業年度の財務諸表に計上した金額

　有形固定資産　277,044百万円　無形固定資産　22,989百万円

(2) 識別した項目に係る重要な会計上の見積りの内容に関する情報

　「第5　経理の状況　1　連結財務諸表等　(1)連結財務諸表　注記事項（重要な会計上の見積り）」に同一の内容を記載しているため，記載を省略しております。

　（退職給付債務及び退職給付費用）

(1) 当事業年度の財務諸表に計上した金額

　退職給付引当金　19,011百万円　前払年金費用　2,388百万円

(2) 識別した項目に係る重要な会計上の見積りの内容に関する情報

　「第5　経理の状況　1　連結財務諸表等　(1)連結財務諸表　注記事項（重要な会計上の見積り）」に同一の内容を記載しているため，記載を省略しております。

（会計方針の変更）

　（時価の算定に関する会計基準の適用）

　「時価の算定に関する会計基準の適用指針」（企業会計基準適用指針第31号2021年6月17日。以下「時価算定会計基準適用指針」という。）を当事業年度の期首から適用し，時価算定会計基準適用指針第27-2項に定める経過的な取扱

いに従って，時価算定会計基準適用指針が定める新たな会計方針を将来にわたって適用することとしております。これによる財務諸表に与える影響はありません。

（会計上の見積りの変更）
　（退職給付に係る会計処理の数理計算上の差異の費用処理年数の変更）
　退職一時金制度に係る会計処理において，従来，数理計算上の差異の費用処理年数は13年としておりましたが，従業員の平均残存勤務期間が短縮したため，当事業年度より費用処理年数を12年に変更しております。なお，当事業年度の営業利益，経常利益及び税引前当期純利益に与える影響は軽微であります。

第2章

メディア業界の "今" を知ろう

企業の募集情報は手に入れた。しかし，それだけでは
まだ不十分。企業単位ではなく，業界全体を俯瞰する
視点は，面接などでもよく問われる重要ポイントだ。
この章では直近1年間のメディア業界を象徴する重大
ニュースをまとめるとともに，今後の展望について言
及している。また，章末にはメディア業界における有
名企業（一部抜粋）のリストも記載してあるので，今
後の就職活動の参考にしてほしい。

▶▶創るって，たのしい！
メディア 業界の動向

　「メディア」とは情報媒体を意味し，それにまつわる業種を指す。
新聞・テレビ・出版・印刷・広告・映画・音楽などの業種がある。

❖ 広告の動向

　広告は，テレビ，新聞，雑誌，ラジオの「マスコミ４媒体」と，インターネット，屋外広告や交通広告，折込チラシといったプロモーションメディアで構成されている。2022年の日本の総広告費は7兆1021億円と前年を上回った。「マスコミ４媒体」の合算広告費は約2.3兆円。それに対してネット広告費は3兆円を超える。両者のパワーバランスは完全に逆転している。

　広告業界において，国内最大手の電通がネット広告の不正請求や社員の過労自殺など，不祥事で注目を集め，社会的にも大きな話題となった。そのため，電通は2017年以降，労働環境の改善に向け，長時間残業の禁止，人員増強やデジタル分野での人材育成，顧客向けのマーケティングツールの開発に多額に経費を計上するなど，働き方改革を進めている。こういった電通の対応から，広告業界全体の意識にも変化が起こっている。博報堂DYでは専門部署を設置したりシステムによる業務の効率化を推進，アサツーディ・ケイ（ADK）も有給休暇の取得促進，在宅勤務の実施など，労働環境の改善に取り組んでいる。

●急成長するネット広告，双方向な情報発信も

　広告媒体の勢力図はインターネットの普及によって，大きく変わっている。これまで主流だったテレビ・新聞・雑誌・ラジオのマスコミ４媒体に変わり，スマートフォンや動画などのインターネット広告が広告業界を牽引していくことになる。

　ネット広告では，消費者の反応（クリック率）をリアルタイムで把握した

り，ターゲット別に個別の広告枠を表示させたりすることが可能なため「いかに消費者のニーズに合った情報を届けるか」という観点から，アドテクノロジーが日々進化している。複数のメディアの広告枠を一元で管理する「アドネットワーク」や，アドネットワークを自由に売買できる仕組み「アドエクスチェンジ」の登場によって，広告配信上のルールが整い，工数も削減されてきている。広告枠の仕入れ販売を行うメディアレップ（媒体代理店）やネット広告代理店も好況で，さらなる成長が期待されている。

　また，SNSの普及により，ネットは旧来の一方通行型から，双方向な情報発信が可能な媒体になった。多くのフォロワーを持つカリスマブロガーやYouTuberは，発信する情報が大きな宣伝効果を持つ。彼らは「インフルエンサー」と呼ばれ，企業側も彼らの口コミを販促活動に利用するようになっている。しかしその一方で，宣伝であることを隠すステルスマーケティング（ステマ）などでトラブルになるケースも増えている。近年では，広告収入を目的に作られる悪質なフェイクニュースも話題となっており，メディアとしてのインターネットの信頼性が問われている。

　順風満帆のネット広告だが，ひとつの懸念事項として「クッキー」規制がある。米GoogleはGoogle Chrome上において，広告のターゲッティングに使用されてきたクッキーの使用を22年から禁止することを発表した。個人情報保護規制の対応をうけての措置だが，精緻なターゲッティングや効果測定ができにくくなる恐れがあり，業界各社は対応に追われている。

●プロモーションメディアの電子化にも注目

　街頭の看板，駅ナカのポスターなど，従来は紙媒体が中心だったプロモーションメディアで，デジタルサイネージ（電子看板）広告に対する関心が高まっている。デジタルサイネージは，屋外や店頭，交通機関などの公共施設内で，ディスプレイなどの電子機器を使用して情報発信するシステムをいう。ネットワークへの対応も可能で，表示情報をリアルタイムでコントロールできるため，短期間の広告で取り替えの手間がかからない，1カ所で複数の広告を切り替え表示できるといった利点がある。とくに動画を表示できる点は，これまでの紙媒体に対して大きなアドバンテージとなっている。

　デジタルサイネージでは，単に固定の情報を表示・発信するだけでなく，たとえばカメラを内蔵して前を通る人の年齢や性別を識別し，それに合わせて広告内容を変えることもできる。一例を挙げると，2015年にドラマ「デスノート」の宣伝として渋谷に設置されたデジタルサイネージでは，画面の

前に人が立つと，顔認証システムを利用して主人公の月が立った人の似顔絵を描き，Lがプロファイリングをするという趣向で，連日行列ができるなど大きな話題となった。このような仕組みは，その場で訴求できる人数は少数だが，内容によってはSNSによる拡散，集客が見込める。デジタルサイネージによる顔認証，タッチ式デジタルサイネージによる双方向コミュニケーション，スマホアプリによるプロモーションといったデジタルメディアの活用は今後も増えていくことが予想される。

●大手，海外M&Aを加速

　電通は，2013年に英国の広告会社イージス・グループを4000億円で買収して以降，グローバル化を進行中で，同社のネットワークを活かして，M&A案件の情報を収集。2013年に12社，2014年には24社，2015年は34社，2016年は45社と，買収の規模も拡大しており，2014年から2017年までの買収案件は計134件で，2017年には売上総利益に占める海外事業構成比が58.8％にまで高まっている。また，2016年9月に米データマーケティング企業，2017年4月には米デジタルパフォーマンスマーケティング会社，12月には米BtoBデジタルマーケティング会社，2018年に入っても世界規模でデジタルエージェンシー6社を買収するなど，デジタル領域の投資が目立っており，売上総利益におけるデジタル領域の比率は50％を超えている。

　佐藤可士和や箭内道彦など，著名なクリエイターを多数輩出してきた博報堂は，緻密なマーケティングに基づいた広告展開を得意としている。2014年にM&Aを行う新たな戦略事業組織「kyu」を立ち上げ，専門マーケティングサービス企業をグループ内に取り込むことを成長戦略として活動している。2017年1月にはカナダのコンサルティング会社ビーイーワークスを，2018年4月にはデジタル広告でビッグデータを使ったマーケティングに強い米ケプラーグループを買収している。また，アジアにおいては，2017年2月にアジア太平洋地域での事業展開を加速させるため，シンガポールのインテグレーテッド・コミュニケーションズ・グループ（ICG）を子会社化した。続いて，2018年1月にはベトナムとミャンマーで事業展開しているスクエアコミュニケーションズを，4月にはフィリピンで広告・マーケティングツールの開発会社を買収している。

　広告世界最大手WPPグループと1998年に資本・業務提携をしたADKだが，2017年10月，20年に渡る同社との提携解消を発表した。提携による明確なシナジー（相乗効果）を出せなかったことや，WPPの要求により純利

益以上の高額な株式配当を続けたことが提携解消の理由だと推測される。11月には米投資ファンドのベインキャピタルが実施するTOB（株式公開買い付け）によって同ファンドの傘下に入り，2018年3月に株式上場廃止となった。その後は，WPPのような特定の事業パートナーにとらわれることなく，多様な企業と連携し，抜本的な改革に取り組むという。

❖ 印刷の動向

　印刷には，書籍や雑誌などの出版印刷，チラシやカタログ，ポスターといった商業印刷のほか，包装紙などのパッケージ印刷，帳票などの事務用印刷がある。インターネットの普及に伴って，出版印刷での印刷需要は低下している。

　苦しい状況のなかで，凸版印刷，大日本印刷という大手2社はこれまでに培った印刷技術を転用して，半導体や太陽光電池部材，液晶カラーフィルターなどの新しい分野に進出したほか，ITなどのデジタル領域にも参入するなど，多分野での収益確立を目指している。凸版印刷は，出版社のフレーベル館，東京書籍を傘下に収めたほか，電子書籍ストア「BookLive!」の運営を行っている。また，包装材の分野では，2016年4月に100億円を投じて，米ジョージア州に透明バリアフィルムの工場を新設した。欧米や今後市場の成長が見込まれる中南米などに向けて，最高品質なフィルムの提供を強化している。このほか，企業の入力作業や事務処理を受託するBPO（Business Process Outsourcing）事業においても，グループとして高い実績を誇っている。子会社のトッパン・フォームズは，マイナンバー関連業務を大幅に簡易化するシステム「PASiD」を販売しており，凸版印刷も2016年からNTTデータと協業し，保険業界向けマイナンバー収集業務を開始している。

　大日本印刷もまた，大手書店の丸善，ジュンク堂を傘下におさめ，古本最大手ブックオフへ出資，電子書籍サイト「honto」の運営のほか，清涼飲料事業も手掛けている。2017年10月には，中国に半導体用フォトマスクの製造工場を新設し，5年間で約180億円を投資する。「honto」は本の通販と電子書籍を連携したサービスを展開していたが，2024年3月末をもって本の通販サービスを終了することを発表した。

●大手2社はVR，ARへも進出

　仮想現実（VR）や拡張現実（AR）がエンタテイメント分野だけでなく，ビジネス分野でも利用され始めていることを受け，大手2社はそれぞれ，VRやARにも力を入れている。凸版印刷は，システィーナ礼拝堂や兵馬俑（彩色），熊本城，東大寺大仏など建築物をはじめとする文化財をVR化した「トッパン VR・デジタルアーカイブ」を公開しており，空間や立体構造物のデジタル化に力を入れている。ARでは，専用のマーカーをスマートフォンで読み取ると，カメラに写っている実際の映像に3DCGや動画などを重ねたコンテンツが表示される「AReader」といった無料のスマホアプリを開発。観光ガイドアプリ「旅道」では，提携した観光地で設置されたARマーカーにスマートフォンのカメラをかざすと観光案内が多言語で楽しめるサービスも展開している。

　大日本印刷も2017年3月から本格的にVR事業に参入した。VRコンテンツの制作のほか，パノラマVR制作技術や"VR美術館"システムなど，コンテンツ制作技術の開発も行っている。また，スマートフォンをはめこんでVRコンテンツを楽しめる紙製ヘッドマウントディスプレイ（HMD）の事業では，VR映像へのリアルな没入感を高める新フィルムも開発，ゲーム機器やモバイルメーカーに提供している。ARについては，店内に設置されたタブレット端末に商品をかざすと，外国語に翻訳されたパッケージが端末に表示される店頭用のシステムを開発している。

❖ 映画・テレビの動向

　映画業界では，東宝・東映・松竹の3社が制作と配給で大きな力を持っている。2020年は「劇場版『鬼滅の刃』無限列車編」が大ヒットとなったが，2021年もアニメが業界を牽引。東宝，東映，カラーの共同配給作品であった「シン・エヴァンゲリオン劇場版」は102.8億円の興行収入を記録し，年内首位の作品となった。2022年もアニメ作品のヒット作が続き「ONE PIECE FILM RED」「劇場版 呪術廻戦 0」「すずめの戸締り」など，興行収入100億円を超える作品が相次いだ。

　映画会社は，興行収入のほかにDVDなどのメディアやテレビ放映権などの2次利用まで含めて，安定して利益が得られる仕組みになっている。また，大手3社は都内に不動産も所有しており，その収益が映画事業を支える部分

も大きい。東宝の場合，収益構成は映画が6割程度で，4割は不動産となっている。

一方，テレビでは，どれだけ見られているかを示す「総世帯視聴率」が年々下落している。ネットやスマートフォンの普及で若者のテレビ離れが進んでおり，各局は「見逃し番組」などのネットでの配信サービスに注力している。民放各局は2015年10月，共同でテレビポータルサイト「TVer（ティーバー）」を開設し，放送後のネット配信をスタートした。しかし，提供番組数の少なさやジャンルの偏りなど，課題も多い。NHKも，テレビ放送を同じ時間にインターネットでも見られる「常時同時配信」サービスを開始している。しかし，このサービスには，地方局の経営圧迫や受信料の問題など課題も多いうえに，放送法の改正も必要であり，民放各社は反発を強めている。

● Apple TV+，Hulu，Netflix，Amazon，AbemaTV，VOD動画配信サービスで激戦

独自のコンテンツを有料で配信するVOD（Video On Demand＝動画配信）も，続々と始まっている。VODサービスでは，利用者は観たいときにコンテンツを視聴でき，映像の一時停止や巻き戻し，早送りなども可能なため，これまでのレンタルビデオに取って代わるサービスとして利用者が増えている。2022年は巣籠もり需要が一服，国内市場規模は前年比15％増の5305億円となった。

Hulu（フールー）は，2011年に米国から日本へ進出し，ネットに接続したテレビやPC，スマホなどでドラマやアニメが定額で見放題になるサービスを提供してきたが，2014年2月，日本テレビがHuluを買収して子会社化し，事業を継続している。2006年から動画レンタルサービスを開始していたAmazonも，2011年，プライム会員であれば5000本の映画とテレビ番組が見放題となる定額動画サービスAmazonプライム・ビデオを開始した。2017年7月には，TBS・テレビ東京・WOWOW・日本経済新聞社・電通・博報堂の6社がVODの新会社を設立し，2018年4月より動画配信サービス「Paravi（パラビ）」を開始した。内容は，ドラマ，バラエティなど，テレビ番組が中心となっている。そのほか，世界中で1億人超えの会員を抱える米Netflix（ネットフリックス），Jリーグと10年間の放映権を締結するなどスポーツに特化したダ・ゾーン（英パフォームグループ）といった海外からの参入もあり，ケーブルTV局も含めた競争が激化している。

そして2019年11月からは，米アップルの「Apple TV+」をスタートさせた。

ハリウッド顔負けの制作・俳優陣を揃え，先行者をどれほど脅かせるか注目が集まっている。

また，VODではないが，2015年，テレビ朝日はサイバーエージェントと組んで無料のインターネットテレビ「AbemaTV」を開設，2016年よりサービスを開始した（一部有料のVODもあり）。元SMAPの3人による72時間生放送や，将棋の藤井聡太四段の対局を生中継するなど，数々の話題を提供している。

動画配信の利用者増を踏まえ，国内電機メーカーも，テレビのリモコンに主要動画配信サービス用のボタンを用意。テレビがネットに接続されていれば，ボタンを押すだけですぐにサービスが視聴できる製品も販売されている。

❖ 音楽の動向

2022年の音楽市場規模は，3073億円と前年をわずかに上回った。コロナ禍で音楽活動が完全にストップしたが，音楽配信やライヴ市場が回復基調を見せている。

● 世界の潮流は「ストリーミング」に

日本では音楽ソフト販売が依然多数を占めるが，世界の音楽ビジネスは定額制の聞き放題「ストリーミング」にシフトしている。音楽ストリーミングサービスの世界最大手，スウェーデンの「Spotify（スポティファイ）」の有料会員は1億9500万人を超える。2022年現在，サービス展開国数は183の国と地域，楽曲数が5,000万曲以上あり，日本では2016年9月から配信がスタートしている。Spotifyの特徴は，定額サービスのほかに，広告つき無料プランがあることで，2017年の広告収入は約541億円だった。同社は，2018年2月にニューヨーク証券取引所に上場申請し，4月に上場を果たしている。日本ではこのほか，Apple Music，Amazonプライムミュージック，Google Play Musicなどが配信サービスを行っている。

国内企業では，エイベックス・グループとサイバーエージェントが手掛ける「AWA」，ソニー・ミュージックエンタテインメントとエイベックス・デジタルが中心となって立ち上げた「LINE MUSIC」などが，いずれも2015年からストリーミング配信を開始している。

●世界的にアナログレコードの人気再燃

　市場としては小規模だが，アナログレコードの人気が再燃している。2009年ごろには約2億円まで落ち込んだ国内レコード市場が，2017年には19億円にまで回復した。このブームを受けて，ソニー・ミュージックエンタテインメントは，2018年3月にアナログレコードの自社生産を29年ぶりに再開した。このトレンドは世界中で起こっており，レコード市場は，2020年に13億米ドルの価値に達した。今後，2021年から2026年の間に年平均で6.8％の成長を見せると予想されている。

❖ 出版の動向

　出版科学研究所によると，2022年の紙の出版物の販売額は前年比7％減の1兆1292億円。とくに漫画の減少幅が18％と大きかった。一方，電子市場は前年比8％増の5013億円まで拡大した。

　長引く出版不況のなか，流通の面にも厳しい状況が現れており，2016年には取次中堅の太洋社が倒産し，その影響で芳林堂書店をはじめ15の書店が廃業に追い込まれた。また，大阪屋と栗田出版販売も合併し，大阪屋栗田になるなど，業界の再編が進んでいる。さらに，ネット通販のAmazonは，取次を介さず，出版社から直接本を仕入れる取引を始めており，電子書籍の伸長とあわせ，各取次も紙媒体以外への展開を迫られている。全国の書店数も年々減っており，2000年には22296店あったが，2020年には11024店と，4割以上も少なくなっている。また，地域に新刊本を扱う書店がない自治体も全国で増えており，全国で420の自治体・行政区に書店がなく，その数は全国の約2割に上る。

●「本ではなくライフスタイルを」蔦屋書店の挑戦

　厳しい状況が続く出版業界だが，一方で，好調な業績を上げ，出版社の買収など新たな挑戦を続ける企業もある。「TSUTAYA」や「蔦屋書店」を運営するカルチュア・コンビニエンス・クラブ（CCC）である。CCC系列の新刊販売書店は全国に812店舗，2016年の書籍・雑誌の年間販売総額は1308億円となり，22年連続で過去最高額を突破している。また，2015年8月には民事再生手続き中だった美術出版社を傘下におさめ，2017年3月には徳間書店を，12月には主婦の友社を子会社化した。CCCは，系列の店舗

で扱う商品・サービスを自ら開発したいねらいがあり，版元の買収を進めている。

2017年4月には銀座・松坂屋跡地にオープンした商業施設「GINZA　SIX」に，アートをテーマにした店舗を開設した。この開業に際して，美術出版編集部がオリジナルムックを制作したほか，店舗開発のコンサルティングにもかかわった。創業者の増田宗昭社長は「アマゾンでできることはやらない」「本ではなくライフスタイルを売る」という姿勢で，新たな出版ビジネスに乗り出している。また，その流れから，2018年8月には，日本最大の共創コミュニティ「Blabo!」の運営会社を子会社化した。生活者のライフスタイルが多様化し続けるなか，顧客視点に立った価値あるサービスが求められることから，生活者コミュニティを活用した新しいサービスの創出も目指している。

メディア業界

直近の業界各社の関連ニュースを
ななめ読みしておこう。

NHKドラマに仮想背景、大河9割活用　普及でコスト減も

NHKは仮想背景を使う新しい撮影手法を導入した。現実の被写体と組み合わせスタジオ内で屋外のような映像を撮影できる。まず大河ドラマ「どうする家康」で全面的に採用した。テレビ東京も新手法を報道番組などに使う。

初期費用はかさむが、海外では仮想背景などの活用でコストを3割削減した事例もある。普及が進めばテレビや映像業界で課題となっている長時間労働の是正や、制作コストの削減につながる可能性がある。

NHKはどうする家康の放送時間のうち9割以上を「バーチャルプロダクション（VP）」と呼ぶ技術で撮影した。発光ダイオード（LED）ディスプレーに3次元CG（コンピューターグラフィックス）などで作った映像を映し、その前で演じる俳優と組み合わせて撮影する。

この手法は大勢の人数や大型セット、歴史的建造物などが必要な場面で効果を発揮する。人の移動や確保、セットを組む手間などを省いて撮影時間やコストを抑えられる。

NHKは今回、15万の兵が対峙したとされる「関ケ原の戦い」のシーンなどで使った。合戦シーンの撮影時にカメラの前にいる俳優やエキストラは50～60人ほど。別途制作した数千人の兵士が攻め込む背景映像を横20メートル、高さ6メートルのディスプレーに流し、その前で演じればスタジオ内で撮影が完結する。

大河ドラマの合戦シーンなどでは従来、ロケが基本だった。2016年放送の「真田丸」の大坂冬の陣の撮影には200人が参加したとされる。

今は予算の制約が強まり、どうする家康の演出統括を担うメディア戦略本部の加藤拓氏によると「（投入できるのは）馬は最大20頭、人は100人」という。VPなら実際の俳優やエキストラの人数が限られていても、CGで数千人規模の兵士を描ける。

撮影現場での長時間労働の是正にもつながる。加藤氏によると、以前は放送時間が1分ほどの爆破シーンの撮影では「朝の3〜4時から準備して本番を撮影したら日が暮れることがあった」という。VPなら爆破テストなどの準備時間を大幅に減らせる。

NHKは埼玉県川口市に新施設を建設中で、こうした効果を見込んでVPを活用した番組制作に対応できるようにする計画という。

（2023年11月21日　日本経済新聞）

Adobe、生成AIで経済圏　著作権守り「数秒でデザイン」

デザインソフト大手の米アドビが、画像の生成AI（人工知能）で経済圏を広げている。3億点以上の画像がある自社サービスをAI学習の強みにし、簡単にデザインを生成できる新機能を既存ソフトに入れる。学習素材を提供したクリエーターへの報酬制度も設け、画像の生成AIで問題となる著作権の保護を鮮明にし、独自のエコシステム（生態系）をつくる。

「全ての人にクリエーティビティー（創造性）を提供する時代を再び切り開く」。10月、米ロサンゼルスでのクリエーター向けのイベントで、アドビのシャンタヌ・ナラヤン最高経営責任者（CEO）はこう宣言した。会場で約1万人が歓声をあげたのは、画像を自動でつくる生成AI「ファイアフライ」の第2世代が公開されたときだ。

ファイアフライは日本語を含む100以上の言語に対応し、「絵本を読む犬」などと描きたいものを文章で入れると、数秒で画像ができあがる。第2世代は浮世絵や水彩画など好みの参照画像を選ぶだけで、イメージに沿う画像が生成される。

詳細なプロンプト（指示文）を書く技術や手間がいらなくなり、10月から提供を始めた。アドビのソフトを約20年使っているアーティストのアナ・マックノートさんは「イメージを手軽に可視化でき、スケッチを描いていた頃よりもアイデアが10倍に増えた」と喜ぶ。

画像分野の生成AIは、英スタビリティーAIのオープンソースのモデルが先行し、米新興のミッドジャーニーやオープンAIも提供する。

ただし、AI学習に使われるコンテンツの著作権侵害が問題視され、「Chat（チャット）GPT」など文章の生成AIほどは普及していない。写真・映像販売の米ゲッティイメージズは、同社の写真を許可なく学習・改変したとして、ス

タビリティーAIを著作権の侵害で訴えた。

後発のアドビは、生成画像を企業が安心して広告などに利用できるよう、著作権問題の克服を最優先にAIを開発した。学習にはアドビが権利を持つか、著作権が失効した素材だけを使う。

それでも膨大なAI学習を可能にしたのが、3億点以上の素材を集めた画像提供サービス「アドビストック」だ。アドビは写真やイラストの作成者に使用料を払い、一般の人に素材として販売してきた。今回、素材がAI学習に使われると、作品数や人気に応じてクリエーターに報酬を払う新たな制度も導入した。

ファイアフライの第1世代は3月に試験的に公開され、既に30億点以上の画像が生成された。アドビのサブスクリプション（定額課金）プランの契約者は、写真編集の「フォトショップ」などの各ソフトで利用できる。狙いは生成AIを軸に、自社ソフトの利用や独自素材を拡張することだ。

1982年創業の同社は、興亡が激しいシリコンバレーで「老舗」といえる。PDFの閲覧・編集ソフト「Acrobat（アクロバット）」は誕生から30年を迎えた。

2007年にCEOに就いたナラヤン氏はパッケージ版ソフトから、クラウド経由のサービスに全面移行した。サブスクへの早い転換で、足元の株価は10年間で約10倍に膨らんだ。23年6〜8月期の売上高は前年同期比10%増で、純利益は24%増だった。サブスク売上高が約46億ドル（約6900億円）と前年同期を12%上回り、生成AIを成長の柱に据える。

（2023年11月2日　日本経済新聞）

ネット広告復調、メタ純利益2.6倍　迫るAmazonの影

インターネット広告の復調が鮮明になってきた。グーグル親会社のアルファベットとメタが25日までに発表した2023年7〜9月期決算はともに増収増益となり、景気減速の懸念を払拭しつつある。ただ、米アマゾン・ドット・コムなどが広告のシェアを拡大し、米2強が主導してきた競争の構図に影響を与える可能性もでてきた。

「広告の売上高の増加には電子商取引（EC）が大きく貢献し、消費財やゲームも好調だった」。メタのスーザン・リー最高財務責任者（CFO）は25日の決算説明会で強調した。7〜9月期の売上高は前年同期比23%増の341億4600万ドル（約5兆1200億円）に達し、四半期で過去最高を更新。リストラ効果

も加わり、純利益は2.6倍に増えた。

24日に同四半期の決算を発表したアルファベットも同様だ。クラウドコンピューティング事業の売上高が市場予想に届かなかったことなどが嫌気されて25日の米株式市場で株価は前日比約10%下落したが、「本業」に当たる広告の業績は好転している。同事業の7～9月期の売上高は前年同期比9%増え、増収率は前の四半期の3%から上昇した。

背景にはネット広告市況の回復がある。米広告大手、インターパブリック・グループ傘下の調査会社マグナは9月、23年の米ネット広告市場の前年比成長率を7.9%から9.6%に上方修正した。マグナ幹部は「半年前、メディア産業は不況に身構えていたが、広告主は冷静に投資を続けた」と説明する。

同社は24年の市場見通しも上方修正したが、2強に限ってみるとシェアは微減傾向が続く。米インサイダー・インテリジェンスによると、グーグルとメタの米市場におけるシェアの合計は19年に53%を上回っていたが、23年は46%台まで低下。24年はさらに減少すると予想している。

両社のシェアを奪う形で成長しているのがアマゾンなどのEC企業だ。同社サイトに広告を掲載している企業の幹部は「商品の購入意欲がある人がアマゾンのサイトを訪問するため広告効果が高い」と評価する。動画配信サービスや食品スーパーの店頭などグループ内に広告媒体として使える「スペース」を多く抱えることも強みだ。

同社の広告の売上高は過去8四半期にわたって前年同期比20%以上の成長を続け、7～9月期は140億ドルに迫る見通しだ。メタの4割強の水準になる。インサイダー・インテリジェンスは小売り最大手の米ウォルマートと食品宅配サービスのインスタカートを加えた「リテールメディア」は24年に米ネット広告市場で16%のシェアを握ると予想する。

アマゾンの成功にならう動きも相次ぐ。料理宅配やライドシェアを手がける米ウーバーテクノロジーズは22年に広告部門を立ち上げ、24年に売上高を10億ドルに引き上げる目標を掲げている。同社はテニスの全米オープンの会場に向かうライドシェアの利用者にテニスウエアを手がける仏ラコステの広告を配信するといった取り組みで成果を上げた。

新興勢に共通するのは、独自の顧客基盤や広告に活用できるサイトなどのスペースを持っていることだ。世界的にプライバシー保護の流れが強まり、サードパーティークッキーなどの技術を使ってウェブ空間で消費者を縦横無尽に追い回すことも難しくなっている。単独で会員の購買履歴や位置情報を入手できる企業には追い風となる。

現在、米2強のシェア下落のペースは緩やかだが、パイの大きな拡大が見込みづらくなるなか、逆風であることに変わりはない。グーグルは得意とする生成AI（人工知能）を活用した衣料品のバーチャル試着機能を検索サービスに組み込むなど、EC強化に動く。アマゾンをはじめとする新勢力の伸長は、従来の枠組みを超えた競争を生みつつある。

（2023年10月26日　日本経済新聞）

ニュース対価の算定根拠開示を　公取委がヤフーやLINEに

公正取引委員会は21日、ニュース配信サービスを運営するヤフーなどIT（情報技術）大手に対し、メディアに支払うニュース記事使用料の算定根拠の開示を求める調査報告書をまとめた。使用料が著しく低い場合は、独占禁止法違反になり得るとの考えも示した。

配信サービスはメディアから記事提供を受け、対価として使用料をメディアに支払う。公取委は2022年秋から、ヤフーニュースやLINEニュース、グーグルの「ニュースショーケース」など大手7社のサービスを調べた。メディア側には新聞社やテレビ局など200社超にアンケートを実施した。

公取委はメディアが配信サービスへの依存度を年々高め、消費者も配信サービス経由で記事に触れることが多いと分析。特に市場シェアが大きいヤフーニュースはメディアに対し優越的地位にある可能性を指摘した。

調査したメディアの6割は、記事使用料の算定根拠が不透明で、金額が低いことに不満を持っていた。例えば、ヤフーニュースでは閲覧数あたりの単価の根拠が不明確との声や、グーグルでは、メディアごとに金額を算定する仕組みが不透明だとする意見があった。

公取委は配信サービス側に、金額の根拠や算定方法を「可能な限りメディアに開示することが望ましい」との考え方を示した。著しく低い使用料にした場合などは独禁法が禁じる優越的地位の乱用に当たると説明した。

一方で公取委はメディア側にもIT大手と「もっと交渉をする余地がある」と注文をつけた。交渉材料として、公取委が独自に調べた記事使用料の「相場」も公開した。IT大手がメディアに支払う記事使用料は閲覧数1000件あたり平均124円だった。メディアごとに49円から251円まで大きな幅があった。

メディアが自社サイト上の記事から得られる広告収入は、閲覧数1000件あたり平均352円で記事使用料のほうが低い。公取委が取引金額に関する水準を

具体的に示すのは異例だ。公取委としてIT大手とメディアの交渉を後押しする。

（2023年9月21日　日本経済新聞）

Twitter、動画広告に活路　ヤッカリーノCEO就任１カ月

ツイッターの運営会社が本格的に収益モデルの再構築に動き出した。かつて売上高の９割を支えた広告が米国で約６割減る中、動画などを通じた新たな広告モデルやアプリの機能強化を模索する。就任から１カ月が経過したリンダ・ヤッカリーノ最高経営責任者（CEO）は、１年足らずで３分の１近くまで減少した企業価値を高め、広告主・利用者離れを引き戻す重責も担う。

「ツイッターのコミュニティーを築いたのはあなただ。そしてこれは代替できない。ここはあなたの公共の広場だ」。ヤッカリーノ氏は就任から１カ月となるタイミングで、米メタが対抗する短文投稿アプリ「Threads（スレッズ）」を開始したのを意識してか、ツイッター上で利用者にこう呼びかけた。

ヤッカリーノ氏は６月の就任直後にも、従業員や利用者に向け「世界の交流のためのタウンスクエア（町の広場）になる」と表明した。公共性を示す「広場」という言葉を多用することで、広告主への配慮をにじませた。

米メディア大手NBCユニバーサル（NBCU）出身のヤッカリーノ氏は広告販売やマーケティング戦略を長年取りまとめてきた。業界団体のトップを務める経験も持ち、大手広告主と太いパイプを持つ。屋台骨の広告立て直しを一身に背負う。

ヤッカリーノ氏がカギとみているのが動画をはじめとする新しいメディアの形だ。ツイッターは運営会社を「X社」と改め、ビデオ通話や決済、電子商取引（EC）といったあらゆる機能を集めた「スーパーアプリ」化を進めている。

ツイッターはすでに動画共有アプリ「TikTok（ティックトック）」風の縦型動画機能を取り入れている。英紙フィナンシャル・タイムズによると、ショート動画に対応した新たな動画広告も検討しているという。

ヤッカリーノ氏はNBCUで広告付きで無料視聴できる動画サービス「ピーコック」にも関わってきた。こうした知見をツイッターでも取り入れようとしている。就任直後は他社への営業秘密漏洩を防ぐ競業避止もあり、表だって広告主との折衝が難しかったようだ。今後はメディア企業との会合を通じ、著名人やコンテンツのクリエーターを呼び込み、企業からの収益増を狙う。

（2023年7月9日　日本経済新聞）

インスタグラムやFacebookにサブスク　メタ、月2000円

米メタは19日、画像共有アプリのインスタグラムやSNS（交流サイト）のフェイスブックでサブスクリプション（継続課金）型のサービスを始めると発表した。料金は円換算で月2000円程度に設定し、他人によるなりすましの防止や投稿を人目に触れやすくするといったサービスを提供する。

新サービス「Meta Verified（メタ・ベリファイド）」を始める。まず、今週後半にオーストラリアとニュージーランドで試験提供を始め、各地に広げるとしている。料金は米アップルや米グーグルのスマートフォンから申し込んだ場合は月14.99ドル（約2000円）、ウェブサイトからは11.99ドルとする。

メタは新サービスの利用者から免許証などの公的な身分証明書の提出を受け、本人確認したアカウントに青色のチェックマークを付ける。アカウントの監視も通常より強め、なりすましを防ぐとしている。また、有人の問い合わせ対応窓口の利用や、投稿の優先的な表示といったサービスも提供する。

マーク・ザッカーバーグ最高経営責任者（CEO）は19日、フェイスブックへの投稿で「（新サービスにより）当社のサービス全体の信頼性や安全性を高める」と述べた。また、同社は「（新サービスにより）クリエーターが存在感を高め、コミュニティーを構築するのを早められるようにしたい」と説明した。

SNSの有料サービスでは米ツイッターが先行し、2021年に米国などで「ブルー」を始めた。22年10月に米起業家のイーロン・マスク氏が同社を買収すると有料サービスの強化を経営立て直しに向けた主要な取り組みのひとつと位置づけ、内容の見直しに乗り出した。料金を引き上げ、認証済みアカウントへのチェックマークの付与をサービスに含めている。

両社は売上高に占めるインターネット広告の割合が高く、ネット広告市場が成熟して競争が厳しくなるなか、収益源の拡大が課題だ。ただ、米メディアのジ・インフォメーションによると、米国におけるツイッターの有料サービスの契約者は1月中旬時点で18万人にとどまる。月間利用者の0.2％以下で、利用者がどの程度受け入れるかは不透明だ。

（2023年2月20日　日本経済新聞）

▶ 労働環境

職種：営業　　年齢・性別：20代後半・女性

・担当クライアントや業種にもよりますが，全体的に残業は多いです。
・突発的な事態が起きて，深夜まで対応に追われることもしばしば。
・休日であっても，電話やメールで仕事の連絡は普通に来ます。
・毎日定時にというのは，基本的にありえません。

職種：法人営業　　年齢・性別：20代後半・男性

・研修制度やキャリア開発に対して環境が非常に整っています。
・課長研修や部長研修など，役職のある人間向けの研修もあります。
・若手が1年間海外支社に赴任する制度というのもあります。
・チャレンジジョブ制度もあり，1～2割の人の希望が叶っています。

職種：法人営業　　年齢・性別：20代後半・男性

・毎月のように研修があり，スキルアップできる環境が整っています。
・社内公募制や年に1度の社内面談で勤務地や職種を変えられます。
・営業は忙しいため，なかなか研修に参加できないこともあります。
・スタッフ系の職種の人の方が研修に参加する率は高いようです。

職種：マーケティング　　年齢・性別：30代前半・男性

・残業は，多い月は100時間という月もありますが，均すと60時間程
　度で，忙しい時期と落ち着いている時期の，仕事量の差が大きいです。
・落ち着いている時は，夜飲みに行くこともできます。
・休日出勤はほとんどありませんが，部署によってはあるところも。

▶福利厚生

職種：法人営業　　年齢・性別：20代後半・男性

・独身に限り借り上げ賃貸がありますが，結婚後の手当はありません。
・全国異動の可能性があるため，住宅手当がゼロは厳しいです。
・保養所は充実していますが，利用しやすい地域は限定されています。
　残業は80時間程度で，得意先によっては休日出勤も当たり前に。

職種：法人営業　　年齢・性別：20代後半・男性

・福利厚生は持株会，財形等，大手の企業と同様に一通りあります。
・保養所が各地にあって，結構充実しています。
・本社周辺に勤務の場合は社員食堂があり，かなり安く食べられます。
・住宅補助はほとんどありません。

職種：機械関連職　　年齢・性別：30代後半・男性

・30歳までは社員寮に1万円で入れますが，社宅はありません。
・子供手当は1人2万円，住宅手当は4000円～1万円程度あります。
・休暇制度は充実しており，年末年始以外にも特別休暇があります。
・ほとんど使われていませんが，希望する人には留学制度もあります。

職種：法人営業　　年齢・性別：20代後半・女性

・福利厚生はかなり充実していると思います。
・残業で帰れない社員用に，24時以降泊まれる宿泊所があります。
・旅行も指定代理店を通すと，補助が出てタダで泊まれることも。
・福利厚生について把握してない人も多いですが，かなり便利です。

▶仕事のやりがい

職種：法人営業　　年齢・性別：30代後半・男性

・専門スタッフが揃っており，大きい組織ならではの提案が可能な点。
・印刷物や映像制作，キャンペーン運営など幅広い仕事に携われます。
・プロデューサーとして活躍出来ることに仕事の魅力を感じます。
・人同士の連携で仕事が成り立つためか，社風はやや体育会系です。

職種：法人営業　　年齢・性別：20代後半・男性

・得意先と一緒に商品を作り上げていくことにやりがいを感じます。
・営業を中心に他部署も巻き込んでの案件は非常に面白みがあります。
・実際には社内各部署との調整業務など地味な仕事も多いですが。
・既存の商品の売り込みではない営業スタイルは気に入っています。

職種：法人営業　　年齢・性別：20代後半・男性

・面白いところは，非常に幅広い商材・ソリューションを扱える点。
・得意先もほとんど全ての会社を相手にできる環境があります。
・営業としてのフィールド・可能性はとても広い会社だと思います。
・会社の総合力を発揮して提案・解決できる面白さは大きいです。

職種：法人営業　　年齢・性別：30代後半・男性

・営業力の大きさそのものがやりがいと言えるでしょう。
・自分の仕事がメディアに取り上げられると理屈抜きで面白いです。
・自分の企画したものが社会的に認められた時の達成感は大きいです。
・クライアントの課題解決に寄与した時，素直に喜びを感じます。

▶ ブラック？ホワイト？

職種：生産技術・生産管理・プロセス開発（半導体）　年齢・性別：30代後半・男性

・得意先にもよりますが，終業時刻近くから仕事が入り始めます。
・納期フォローに時間を取られ，恒常的に残業が多いです。
・休日も携帯電話に連絡が入るため常に仕事に追われている印象。
・ただ，部署や得意先との人間関係は良好で，残業代も全額出ます。

職種：法人営業　年齢・性別：30代後半・男性

・ワークライフバランスは非常に調整しにくいです。
・どれだけ汗をかいたかで評価されるため，長時間勤務が増えます。
・プライベート重視の人は閑職に異動させられる場合もあります。
・繁忙期は終電帰りやタクシー帰りが続き，飲み会の機会も多いです。

職種：マーケティング関連職　年齢・性別：30代前半・男性

・クライアント次第なので，突然ものすごい業務量になることも。
・猛烈に業務をこなす上司と仕事を組むことになると大変です。
・働いている社員とそうでない社員がはっきり分かれています。
・働かない社員の方が割のいい社員生活を送れているのが何とも。

職種：財務　年齢・性別：20代後半・男性

・仕事を突き詰めようとすればいくらでも残業が出来る環境です。
・一度業務遂行能力が評価されると，次々と仕事が舞い込むことに。
・ワークライフバランスを求める人には厳しい職場かと。
・深夜0時にいつも同じ面子が机にかじりついているという状態に。

▶女性の働きやすさ

職種：企画営業　　年齢・性別：20代後半・女性

・出産休暇，育児休暇をとって復帰する人も少なくありません。
・復帰したあとは，時短勤務などの制度も利用できます。
・営業や企画の部署で時短で帰るのは相当の努力が必要ですが。
・ぎりぎりまでハードな勤務をし，出産休暇を取る方が多いようです。

職種：営業　　　年齢・性別：20代後半・女性

・まだまだ男性社会のため，部長クラスでは女性は少ないです。
・派遣社員や契約社員，若手社員の女性の割合は高めだと思います。
・上のポジションにいくと，女性の割合はぐっと減ってきます。
・営業や媒体など，長時間拘束となる部門は女性は特に少ないです。

職種：経営企画　　年齢・性別：30代後半・男性

・産休育休を取る女性は多く，復帰後も元の部署へ戻る人が大半です。
・時短制度を利用しながら働き続ける人も多くいます。
・出産が女性のキャリアアップに不利になることはないかと思います。
・女性の感性が必要な業務も多いので，働きやすい環境だと思います。

職種：アカウントエクゼグティブ　　年齢・性別：20代後半・女性

・産休・育休の制度を利用しての現職復帰は実質厳しいです。
・営業部の場合，クライアントに合わせるため時間が非常に不規則。
・営業部はプライベートの時間をコントロールしにくいと思います。
・出産後の女性は管理部門へ異動し時短勤務をするケースが多いです。

▶ 今後の展望

職種：法人営業　　年齢・性別：20代後半・男性
- ・近年メディア露出も増え，働きやすい企業として紹介されることも。
- ・メディアの影響か，優秀な人材が男女共に多く入社してきています。
- ・競争を勝ち抜いた元気のある若手が多いからか，皆活気があります。
- ・優秀な若手女性も多いため，管理職層に押し上げる動きがあります。

職種：法人営業　　年齢・性別：20代後半・女性
- ・プライベートと仕事を両立するのは正直難しい職場ですが，時間を上手に使って両立している人がいるのも事実です。
- ・最近は会社もワークライフバランスの改善を考えているようです。
- ・今後は，労働環境も大きく変わってくるのではないかと思います。

職種：マーケティング関連職　　年齢・性別：50代前半・男性
- ・最近では管理職として活躍している女性が目立ってきました。
- ・かつては男性中心の職場というイメージがありましたが。
- ・戦力として女性が不可欠という認識に会社側も変わってきており，女性役員の登場も間近だと思います。

職種：一般事務　　年齢・性別：30代後半・男性
- ・新しいことをどんどんやるので，とても面白い会社だと思います。
- ・最近は好調なWeb事業への経営資源の割り振りが増えています。
- ・既存事業への割り振りは控えめになってきているようですが。
- ・今後も会社の仕事の幅は更に広がっていくと思います。

メディア業界　国内企業リスト（一部抜粋）

会社名	本社住所
日本工営株式会社	東京都千代田区麹町 5 丁目 4 番地
株式会社ネクスト	東京都港区港南二丁目 3 番 13 号 品川フロントビル
株式会社日本 M&A センター	東京都千代田区丸の内 1-8-3 丸の内トラストタワー本館 19 階
株式会社ノバレーゼ	東京都中央区銀座 1-8-14 銀座 YOMIKO ビル 4F
株式会社アコーディア・ゴルフ	東京都渋谷区渋谷 2 丁目 15 番 1 号 渋谷クロスタワー
株式会社タケエイ	東京都港区芝公園 2-4-1 A-10 階
株式会社パソナグループ	東京都千代田区大手町 2-6-4
株式会社リンクアンドモチベーション	東京都中央区銀座 3-7-3 銀座オーミビル
GCA サヴィアン株式会社	東京都千代田区丸の内 1-11-1 パシフィックセンチュリープレイス丸の内 30 階
株式会社エス・エム・エス	東京都港区芝公園 2-11-1 住友不動産芝公園タワー
テンプホールディングス株式会社	東京都渋谷区代々木 2-1-1
株式会社リニカル	大阪市淀川区宮原 1 丁目 6 番 1 号 新大阪ブリックビル 10 階
クックパッド株式会社	東京都港区白金台 5-12-7
株式会社エスクリ	東京都港区南青山 3-2-5 南青山シティビル
アイ・ケイ・ケイ株式会社	佐賀県伊万里市新天町 722 番地 5
株式会社学情	大阪市北区梅田 2-5-10 学情梅田コンパス
株式会社 スタジオアリス	大阪市北区梅田 1 丁目 8 番 17 号 大阪第一生命ビル 7F
シミックホールディングス株式会社	東京都品川区西五反田 7-10-4
NEC フィールディング株式会社	東京都港区三田一丁目 4 番 28 号
綜合警備保障株式会社	東京都港区元赤坂 1-6-6
株式会社カカクコム	東京都渋谷区恵比寿南 3 丁目 5 番 7 号 恵比寿アイマークゲート（代官山デジタルゲートビル）
株式会社アイロムホールディングス	東京都千代田区富士見 2-14-37 富士見イースト

会社名	本社住所
株式会社ルネサンス	東京都墨田区両国 2-10-14 両国シティコア 3 階
株式会社オプト	東京都千代田区四番町 6 東急番町ビル
株式会社 新日本科学	東京都中央区明石町 8-1 聖路加タワー 12 階
株式会社ツクイ	横浜市港南区上大岡西 1 丁目 6 番 1 号 ゆめおおおかオフィスタワー 16 階
株式会社綜合臨床ホールディングス	東京都新宿区西新宿二丁目 4 番 1 号 新宿 NS ビル 13 階
株式会社キャリアデザインセンター	東京都港区赤坂 3-21-20 赤坂ロングビーチビル
エムスリー株式会社	東京都港区赤坂 1 丁目 11 番 44 号 赤坂インターシティ 10 階
株式会社ベストブライダル	東京都渋谷区東 3 丁目 11 番 10 号恵比寿ビル 5F, 7F, 8F
日本 ERI 株式会社	港区赤坂 8 丁目 5 番 26 号 赤坂 DS ビル
株式会社アウトソーシング	東京都千代田区丸の内 1-8-3 丸の内トラストタワー本館 5F
株式会社ディー・エヌ・エー	東京都渋谷区渋谷 2-21-1 渋谷ヒカリエ
株式会社博報堂ＤＹホールディングス	東京都港区赤坂 5 丁目 3 番 1 号 赤坂 Biz タワー
株式会社ぐるなび	東京都千代田区有楽町 1-2-2 東宝日比谷ビル 6F
株式会社 一休	東京都港区赤坂 3-3-3 住友生命赤坂ビル 8F
ジャパンベストレスキューシステム株式会社	愛知県名古屋市昭和区鶴舞二丁目 17 番 17 号 ベルビル 2F
ジェイコムホールディングス株式会社	大阪市北区角田町 8 番 1 号梅田阪急ビルオフィスタワー 19 階
PGM ホールディングス株式会社	東京都港区高輪一丁目 3 番 13 号ＮＢＦ高輪ビル
バリューコマース株式会社	東京都港区赤坂 8-1-19 日本生命赤坂ビル 5F
株式会社 JP ホールディングス	名古屋市東区葵 3-15-31 住友生命千種ニュータワービル 17F
イーピーエス株式会社	東京都新宿区下宮比町 2-23 つるやビル
株式会社 アミューズ	東京都渋谷区桜丘町 20 番 1 号
株式会社 ドリームインキュベータ	東京都千代田区霞が関 3-2-6 東京倶楽部ビルディング 4F
ＴＡＣ株式会社	東京都千代田区三崎町 3-2-18

会社名	本社住所
ケネディクス株式会社	東京都中央区日本橋兜町 6-5 KDX 日本橋兜町ビル
株式会社 電通	東京都港区東新橋 1-8-1
株式会社テイクアンドギヴ・ニーズ	東京都品川区東品川二丁目 3 番 12 号 シーフォート スクエアセンタービル 17 階
ぴあ株式会社	東京都渋谷区東 1-2-20 渋谷ファーストタワー
株式会社イオンファンタジー	千葉県千葉市美浜区中瀬 1 丁目 5 番地 1
株式会社ネクシィーズ	東京都渋谷区桜丘町 20-4 ネクシィーズ スクエアビル
みらかホールディングス株式会社	東京都新宿区西新宿 2-1-1 新宿三井ビルディング 8F
株式会社 アルプス技研	神奈川県横浜市西区みなとみらい 2-3-5 クイーンズ タワー C 18 階
株式会社サニックス	福岡市博多区博多駅東 2 丁目 1 番 23 号
株式会社ダイオーズ	東京都港区浜松町 2-4-1 世界貿易センタービル 23 階
日本空調サービス株式会社	名古屋市名東区照が丘 239 番 2
株式会社オリエンタルランド	千葉県浦安市舞浜 1 番地 1
株式会社ダスキン	大阪府吹田市豊津町 1 番 33 号
株式会社明光ネットワークジャパン	東京都新宿区西新宿 7 丁目 20 番 1 号 （住友不動産 西新宿ビル 29F/30F （受付 30F））
株式会社ファルコ SD ホールディングス	京都市中京区河原町通二条上る清水町 346 番地
株式会社　秀英予備校	静岡県静岡市葵区鷹匠 2 丁目 7-1
株式会社田谷	東京都渋谷区神宮前二丁目 18 番 19 号
株式会社ラウンドワン	大阪府堺市堺区戎島町四丁 45 番地 1 堺駅前ポルタ スセンタービル
リゾートトラスト株式会社	名古屋市中区東桜 2-18-31
株式会社ビー・エム・エル	東京都渋谷区千駄ヶ谷五丁目 21 番 3 号
ワタベウェディング株式会社	京都市下京区烏丸通仏光寺上る二帖半敷町 671 番地
株式会社もしもしホットライン	東京都渋谷区代々木 2-6-5
株式会社リソー教育	東京都豊島区目白三丁目 1 番地 40 号

会社名	本社住所
株式会社早稲田アカデミー	東京都豊島区池袋二丁目 53 番 7 号
株式会社ユー・エス・エス	愛知県東海市新宝町 507 番地の 20
株式会社東京個別指導学院	東京都中央区佃 1-11-8 ピアウエストスクエア 2 階
株式会社 テー・オー・ダブリュー	東京都港区虎ノ門四丁目 3 番 13 号 ヒューリック神谷町ビル
セントラルスポーツ株式会社	東京都中央区新川 1-21-2 茅場町タワー
株式会社フルキャストホールディングス	東京都品川区西五反田 8-9-5 ポーラ第 3 五反田ビル 12 階
リゾートソリューション株式会社	東京都新宿区西新宿 6-24-1
株式会社リブセンス	東京都品川区上大崎 2-25-2 新目黒東急ビル 5F
ジャパンマテリアル株式会社	三重県三重郡菰野町永井 3098 番 22
株式会社リロ・ホールディング	東京都新宿区新宿四丁目 3 番 23 号
株式会社エイチ・アイ・エス	東京都新宿区西新宿 6-8-1 新宿オークタワー 29 階
株式会社 共立メンテナンス	東京都千代田区外神田 2-18-8
株式会社イチネンホールディングス	大阪市淀川区西中島四丁目 10 番 6 号
株式会社 建設技術研究所	東京都中央区日本橋浜町 3-21-1 （日本橋浜町 F タワー）
株式会社スペース	東京都中央区日本橋人形町 3-9-4
燦ホールディングス株式会社	東京都港区南青山 1-1-1 新青山ビル西館 14F
スバル興業株式会社	東京都千代田区有楽町一丁目 10 番 1 号
東京テアトル株式会社	東京都中央区銀座 1-16-1
株式会社よみうりランド	東京都稲城市矢野口 4015 番地 1
東京都競馬株式会社	東京都大田区大森北一丁目 6 番 8 号
常磐興産株式会社	福島県いわき市常磐藤原町蕨平 50 番地
株式会社 カナモト	北海道札幌市中央区大通東 3 丁目 1 番地 19
株式会社東京ドーム	東京都文京区後楽 1 丁目 3 番 61 号
西尾レントオール株式会社	大阪府大阪市中央区東心斎橋 1-11-17

会社名	本社住所
株式会社アゴーラ・ホスピタリティー・グループ	東京都港区虎ノ門 5-2-6 虎ノ門第２ワイコービル 7F
トランスコスモス株式会社	東京都渋谷区渋谷 3-25-18
株式会社乃村工藝社	東京都港区台場２丁目３番４号
藤田観光株式会社	東京都文京区関口 2-10-8
ＫＮＴ−ＣＴホールディングス株式会社	東京都千代田区東神田 1-7-8 東神田フコク生命ビル
日本管財株式会社	兵庫県西宮市六湛寺町９番 16 号
株式会社トーカイ	岐阜市若宮町９丁目 16 番地
株式会社白洋舍	東京都渋谷区神山町４番 14 号
セコム株式会社	東京都渋谷区神宮前１丁目５番１号
セントラル警備保障株式会社	新宿区西新宿二丁目４番１号新宿 NS ビル
株式会社丹青社	東京都台東区上野５丁目２番２号
株式会社メイテック	東京都港区赤坂 8-5-26 赤坂 DS ビル
株式会社アサツー ディ・ケイ	東京都中央区築地一丁目 13 番１号
応用地質株式会社	東京都千代田区神田美土代町７番地
株式会社船井総合研究所	大阪市中央区北浜 4-4-10
株式会社　進学会	北海道札幌市白石区本郷通１丁目北１番 15 号
株式会社ベネッセホールディングス	岡山市北区南方 3-7-17
イオンディライト株式会社	大阪市中央区南船場 2-3-2 南船場ハートビル
株式会社ナック	東京都新宿区西新宿 1-25-1
株式会社 ニチイ学館	東京都千代田区神田駿河台２丁目９番地
株式会社ダイセキ	名古屋市港区船見町１番地 86
株式会社ステップ	神奈川県藤沢市藤沢６０２

第**3**章

就職活動のはじめかた

入りたい会社は決まった。しかし「就職活動とはそもそ
も何をしていいのかわからない」「どんな流れで進むか
わからない」という声は意外と多い。ここでは就職活
動の一般的な流れや内容，対策について解説していく。

▶就職活動のスケジュール

3月	**4**月	**6**月

就職活動スタート

> 2025年卒の就活スケジュールは,経団連と政府を中心に議論され,2024年卒の採用選考スケジュールから概ね変更なしとされている。

エントリー受付・提出

OB・OG訪問

> 企業の説明会には積極的に参加しよう。独自の企業研究だけでは見えてこなかった新たな情報を得る機会であるとともに,モチベーションアップにもつながる。また,説明会に参加した者だけに配布する資料などもある。

合同企業説明会　　　個別企業説明会

筆記試験・面接試験等始まる（3月～）

内々定（大手企業）

2月末までにやっておきたいこと

就職活動が本格化する前に,以下のことに取り組んでおこう。
　◎自己分析　◎インターンシップ　◎筆記試験対策
　◎業界研究・企業研究　◎学内就職ガイダンス
自分が本当にやりたいことはなにか,自分の能力を最大限に活かせる会社はどこか。自己分析と企業研究を重ね,それを文章などにして明確にしておき,面接時に最大限に活用できるようにしておこう。

7月	8月	10月

中小企業採用本格化

内定者の数が採用予定数に満た
ない企業，1年を通して採用を継
続している企業,夏休み以降に採
用活動を実施企業（後期採用）は
採用活動を継続して行っている。
大企業でも後期採用を行っている
こともあるので,企業から内定が
出ても，納得がいかなければ継続
して就職活動を行うこともある。

中小企業の採用が本格化するのは大手
企業より少し遅いこの時期から。HP
などで採用情報をつかむとともに，企
業研究も怠らないようにしよう。

内々定とは10月1日以前に通知（電話等）
されるもの。内定に関しては現在協定があり，
10月1日以降に文書等にて通知される。

内々定（中小企業）

内定式（10月～）

どんな人物が求められる？

多くの企業は，常識やコミュニケーション能力があり，社会のできごと
に高い関心を持っている人物を求めている。これは「会社の一員とし
て将来の企業発展に寄与してくれるか」という視点に基づく，もっとも
普遍的な選考基準だ。もちろん，「自社の志望を真剣に考えているか」
「自社の製品，サービスにどれだけの関心を向けているか」という熱
意の部分も重要な要素になる。

理論編

就活ロールプレイ！

内定までの道のりは，大きく分けると以下のようになる。

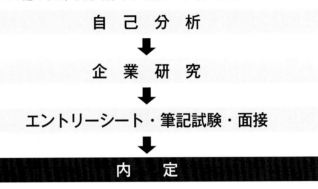

自 己 分 析

↓

企 業 研 究

↓

エントリーシート・筆記試験・面接

↓

内 　定

01 まず自己分析からスタート

　就職活動とは，「企業に自分をPRすること」。自分自身の興味，価値観に加えて，強み・能力という要素が加わって，初めて企業側に「自分が働いたら，こういうポイントで貢献できる」と自分自身を売り込むことができるようになる。

■自分の来た道を振り返る

　自己分析をするための第一歩は，「振り返ってみる」こと。

　小学校，中学校など自分のいた"場"ごとに何をしたか（部活動など），何を学んだか，交友関係はどうだったか，興味のあったこと，覚えている印象的なことを書き出してみよう。

■テストを受けてみる

　"自分では気がついていない能力"を客観的に検査してもらうことで，自分に向いている職種が見えてくる。下記の5種類が代表的なものだ。

①職業適性検査　　②知能検査　　③性格検査

④職業興味検査　　⑤創造性検査

■先輩や専門家に相談してみる

　就職活動をするうえでは，"いかに他人に自分のことをわかってもらうか"が重要なポイント。他者の視点で自分を分析してもらうことで，より客観的な視点で自己PRができるようになる。

自己分析の流れ

❑過去の経験を書いてみる

❑現在の自己イメージを明確にする…行動，考え方，好きなものなど。

❑他人から見た自分を明確にする

❑将来の自分を明確にしてみる…どのような生活をおくっていたいか。期待，夢，願望。なりたい自分はどういうものか，掘り下げて考える。→自己分析結果を，志望動機につなげていく。

01 企業の絞り込み

　志望企業の絞り込みについての考え方は大きく分けて2つある。

　第1は，同一業種の中で1次候補，2次候補……と絞り込んでいく方法。

　第2は，業種を1次，2次，3次候補と変えながら，それぞれに2社程度ずつ絞り込んでいく方法。

　第1の方法では，志望する同一業種の中で，一流企業，中堅企業，中小企業，縁故などがある歯止めの会社……というふうに絞り込んでいく。

　第2の方法では，自分が最も望んでいる業種，将来好きになれそうな業種，発展性のある業種，安定性のある業種，現在好況な業種……というふうに区別して，それぞれに適当な会社を絞り込んでいく。

02 情報の収集場所

　・キャリアセンター

　・新聞

　・インターネット

　・企業情報

　『就職四季報』（東洋経済新報社刊），『日経会社情報』（日本経済新聞社刊）などの企業情報。この種の資料は本来"株式市場"についての資料だが，その時期の景気動向を含めた情報を仕入れることができる。

　・経済雑誌

　『ダイヤモンド』（ダイヤモンド社刊）や『東洋経済』（東洋経済新報社刊），『エコノミスト』（毎日新聞出版刊）など。

　・OB・OG／社会人

①成長力

まず“売上高”。次に資本力の問題や利益率などの比率。いくら資本金があっても，それを上回る膨大な借金を抱えていて，いくら稼いでも利払いに追われまくるようでは，成長できないし，安定できない。

成長力を見るには自己資本率を割り出してみる。自己資本を総資本で割って100を掛けると自己資本率がパーセントで出てくる。自己資本の比率が高いほうが成長力もあり安定度も高い。

利益率は純利益を売上高で割って100を掛ける。利益率が高ければ，企業はどんどん成長するし，社員の待遇も上昇する。利益率が低いということは，仕事がどんなに忙しくても利益にはつながらないということになる。

②技術力

技術力は，短期的な見方と長期的な展望が必要になってくる。研究部門が適切な規模か，大学など企業外の研究部門との連絡があるか，先端技術の分野で開発を続けているかどうかなど。

③経営者と経営形態

会社が将来，どのような発展をするか，または衰退するかは経営者の経営哲学，経営方針によるところが大きい。社長の経歴を知ることも必要。創始者の息子，孫といった親族が社長をしているのか，サラリーマン社長か，官庁などからの天下りかということも大切なチェックポイント。

④社風

社風というのは先輩社員から後輩社員に伝えられ，教えられるもの。社風もいろいろな面から必ずチェックしよう。

⑤安定性

企業が成長しているか，安定しているかということは車の両輪。どちらか片方の回転が遅くなっても企業はバランスを失う。安定し，しかも成長する。これが企業として最も理想とするところ。

⑥待遇

初任給だけを考えてみても，それが手取りなのか，基本給なのか。基本給というのはボーナスから退職金，定期昇給の金額にまで響いてくる。また，待遇というのは給与ばかりではなく，福利厚生施設でも大きな差が出てくる。

■そのほかの会社比較の基準

1. ゆとり度

　休暇制度は，企業によって独自のものを設定しているところもある。「長期休暇制度」といったものなどの制定状況と，また実際に取得できているかどうかも調べたい。

2. 独身寮や住宅設備

　最近では，社宅は廃止し，住宅手当を多く出すという流れもある。寮や社宅についての福利厚生は調べておく。

3. オフィス環境

　会社に根づいた慣習や社員に対する考え方が，意外にオフィスの設備やレイアウトに表れている場合がある。

　たとえば，個人の専有スペースの広さや区切り方，パソコンなどOA機器の設置状況，上司と部下の机の配置など，会社によってずいぶん違うもの。玄関ロビーや受付の様子を観察するだけでも，会社ごとのカラーや特徴がどこかに見えてくる。

4. 勤務地

　転勤はイヤ，どうしても特定の地域で生活していきたい。そんな声に応えて，最近は流通業などを中心に，勤務地限定の雇用制度を取り入れる企業も増えている。

---

column 初任給では分からない本当の給与

　会社の給与水準には「初任給」「平均給与」「平均ボーナス」「モデル給与」など，判断材料となるいくつかのデータがある。これらのデータからその会社の給料の優劣を判断するのは非常に難しい。

　たとえば中小企業の中には，初任給が飛び抜けて高い会社がときどきある。しかしその後の昇給率は大きくないのがほとんど。

　一方，大手企業の初任給は業種間や企業間の差が小さく，ほとんど横並びと言っていい。そこで，「平均給与」や「平均ボーナス」などで将来の予測をするわけだが，これは一応の目安とはなるが，個人差があるので正確とは言えない。

■決定版「就職ノート」はこう作る

　1冊にすべて書き込みたいという人には,ルーズリーフ形式のノートがお勧め。会社研究, スケジュール, 時事用語, OB／OG訪問, 切り抜きなどの項目を作りインデックスをつける。

　カレンダー, 説明会, 試験などのスケジュール表を貼り, とくに会社別の説明会, 面談, 書類提出, 試験の日程がひと目で分かる表なども作っておく。そして見開き2ページで1社を載せ,左ページに企業研究,右ページには志望理由,自己PRなどを整理する。

就職ノートの主なチェック項目

❏企業研究…資本金, 業務内容, 従業員数など基礎的な会社概要から, 過去の採用状況, 業務報告などのデータ

❏採用試験メモ…日程, 条件, 提出書類, 採用方法, 試験の傾向など

❏店舗・営業所見学メモ…流通関係, 銀行などの場合は, 客として訪問し, 商品 (値段, 使用価値, ユーザーへの配慮), 店員 (接客態度,商品知識, 熱意, 親切度), 店舗 (ショーケース, 陳列の工夫, 店内の清潔さ) などの面をチェック

❏OB／OG訪問メモ…OB／OGの名前, 連絡先, 訪問日時, 面談場所, 質疑応答のポイント, 印象など

❏会社訪問メモ…連絡先, 人事担当者名, 会社までの交通機関, 最寄り駅からの地図, 訪問のときに得た情報や印象, 訪問にいたるまでの経過も記入

　「OB／OG訪問」は，実際は採用予備選考開始。まず，OB／OG訪問を希望したら，大学のキャリアセンター，教授などの紹介で，志望企業に勤める先輩の手がかりをつかむ。もちろん直接電話なり手紙で，自分の意向を会社側に伝えてもいい。自分の在籍大学，学部をはっきり言って，「先輩を紹介していただけないでしょうか」と依頼しよう。

参考

OB／OG訪問時の質問リスト例

●**採用について**
- ・成績と面接の比重
- ・採用までのプロセス（日程）
- ・面接は何回あるか
- ・面接で質問される事項　etc.
- ・評価のポイント
- ・筆記試験の傾向と対策
- ・コネの効力はどうか

●**仕事について**
- ・内容（入社10年, 20年のOB/OG）
- ・希望職種につけるのか
- ・残業，休日出勤，出張など
- ・新入社員の仕事
- ・やりがいはどうか
- ・同業他社と比較してどうか　etc.

●**社風について**
- ・社内のムード
- ・仕事のさせ方　etc.
- ・上司や同僚との関係

●**待遇について**
- ・給与について
- ・昇進のスピード
- ・福利厚生の状態
- ・離職率について　etc.

インターンシップとは，学生向けに企業が用意している「就業体験」プログラム。ここで学生はさまざまな企業の実態をより深く知ることができ，その後の就職活動において自己分析，業界研究，職種選びなどに活かすことができる。また企業側にとっても有能な学生を発掘できるというメリットがあるため，導入する企業は増えている。

インターンシップ参加が採用につながっているケースもあるため，たくさん参加してみよう。

---

column コネを利用するのも1つの手段？

コネを活用できるのは，以下のような場合である。

・企業と大学に何らかの「連絡」がある場合

企業の新卒採用の場合，特定校・指定校が決められていることもある。企業側が過去の実績などに基づいて決めており，大学の力が大きくものをいう。

とくに理工系では，指導教授や研究室と企業との連絡が密接な場合が多く，教授の推薦が有利であることは言うまでもない。同じ大学出身の先輩とのコネも，この部類に区分できる。

・志望企業と「関係」ある人と関係がある場合

一般的に言えば，志望企業の取り引き先関係からの紹介というのが一番多い。ただし，年間億単位の実績が必要で，しかも部長・役員以上につながっていなければコネがあるとは言えない。

・志望企業と何らかの「親しい関係」がある場合

志望企業に勤務したりアルバイトをしていたことがあるという場合。インターンシップもここに分類される。職場にも馴染みがあり人間関係もできているので，就職に際してきわめて有利。

・志望会社に関係する人と「縁故」がある場合

縁故を「血縁関係」とした場合，日本企業ではこのコネはかなり有効なところもある。ただし，血縁者が同じ会社にいるというのは不都合なことも多いので，どの企業も慎重。

07 会社説明会のチェックポイント

1. 受付の様子

　受付事務がテキパキとしていて，分かりやすいかどうか。社員の態度が親切で誠意が伝わってくるかどうか。

　こういった受付の様子からでも，その会社の社員教育の程度や，新入社員採用に対する熱意とか期待を推し測ることができる。

2. 控え室の様子

　控え室が2カ所以上あって，国立大学と私立大学の訪問者とか，別々に案内されているようなことはないか。また，面談の順番を意図的に変えているようなことはないか。これはよくある例で，すでに大半は内定しているということを意味する場合が多い。

3. 社内の雰囲気

　社員の話し方，その内容を耳にはさむだけでも，社風が伝わってくる。

4. 面談の様子

　何時間も待たせたあげくに，きわめて事務的に，しかも投げやりな質問しかしないような採用担当者である場合，この会社は人事が適正に行われていないということだから，一考したほうがよい。

 ▶ 説明会での質問項目

・質問内容が抽象的でなく，具体性のあるものかどうか。
・質問内容は，現在の社会・経済・政治などの情況を踏まえた，大学生らしい高度で専門性のあるものか。
・質問をするのはいいが，「それでは，あなたの意見はどうか」と逆に聞かれたとき，自分なりの見解が述べられるものであるか。

提出する書類は6種類。①〜③が大学に申請する書類，④〜⑥が自分で書く書類だ。大学に申請する書類は一度に何枚も入手しておこう。

① 「卒業見込証明書」
② 「成績証明書」
③ 「健康診断書」
④ 「履歴書」
⑤ 「エントリーシート」
⑥ 「会社説明会アンケート」

■自分で書く書類は「自己PR」

第1次面接に進めるか否かは「自分で書く書類」の出来にかかっている。「履歴書」と「エントリーシート」は会社説明会に行く前に準備しておくもの。「会社説明会アンケート」は説明会の際に書き，その場で提出する書類だ。

01 履歴書とエントリーシートの違い

Webエントリーを受け付けている企業に資料請求をすると，資料と一緒に「エントリーシート」が送られてくるので，応募サイトのフォームやメールでエントリーシートを送付する。Webエントリーを行っていない企業には，ハガキやメールで資料請求をする必要があるが，「エントリーシート」は履歴書とは異なり，企業が設定した設問に対して回答するもの。すなわちこれが「1次試験」であり，これにパスをした人だけが会社説明会に呼ばれる。

02 記入の際の注意点

■字はていねいに

字を書くところから，その企業に対する"本気度"は測られている。

■誤字，脱字は厳禁

使用するのは，黒のインク。

■修正液使用は不可

■数字は算用数字

■自分の広告を作るつもりで書く

自分はこういう人間であり，何がしたいかということを簡潔に書く。メリットになることだけで良い。自分に損になるようなことを書く必要はない。

■「やる気」を示す具体的なエピソードを

「私はやる気があります」「私は根気があります」という抽象的な表現だけではNG。それを示すエピソードのようなものを書かなくては意味がない。

Point

自己紹介欄の項目はすべて「自己PR」。自分はこういう人間であることを印象づけ，それがさらに企業への「志望動機」につながっていくような書き方をする。

column　履歴書やエントリーシートは，共通でもいい？

「履歴書」や「エントリーシート」は企業によって書き分ける。業種はもちろん，同じ業界の企業であっても求めている人材が違うからだ。各書類は提出前にコピーを取り，さらに出した企業名を忘れずに書いておくことも大切だ。

履歴書記入のPoint

写真	スナップ写真は不可。 スーツ着用で,胸から上の物を使用する。ポイントは「清潔感」。 氏名・大学名を裏書きしておく。
日付	郵送の場合は投函する日,持参する場合は持参日の日付を記入する。
生年月日	西暦は避ける。元号を省略せずに記入する。
氏名	戸籍上の漢字を使う。印鑑押印欄があれば忘れずに押す。
住所	フリガナ欄がカタカナであればカタカナで,平仮名であれば平仮名で記載する。
学歴	最初の行の中央部に「学□□歴」と2文字程度間隔を空けて,中学校卒業から大学(卒業・卒業見込み)まで記入する。 中途退学の場合は,理由を簡潔に記載する。留年は記入する必要はない。 職歴がなければ,最終学歴の一段下の行の右隅に,「以上」と記載する。
職歴	最終学歴の一段下の行の中央部に「職□□歴」と2文字程度間隔を空け記入する。 「株式会社」や「有限会社」など,所属部門を省略しないで記入する。 「同上」や「〃」で省略しない。 最終職歴の一段下の行の右隅に,「以上」と記載する。
資格・免許	4級以下は記載しない。学習中のものも記載して良い。 「普通自動車第一種運転免許」など,省略せずに記載する。
趣味・特技	具体的に(例:読書でもジャンルや好きな作家を)記入する。
志望理由	その企業の強みや良い所を見つけ出したうえで,「自分の得意な事」がどう活かせるかなどを考えぬいたものを記入する。
自己PR	応募企業の事業内容や職種にリンクするような,自分の経験やスキルなどを記入する。
本人希望欄	面接の連絡方法,希望職種・勤務地などを記入する。「特になし」や空白はNG。
家族構成	最初に世帯主を書き,次に配偶者,それから家族を祖父母,兄弟姉妹の順に。続柄は,本人から見た間柄。兄嫁は,義姉と書く。
健康状態	「良好」が一般的。

STEP4 理論編 エントリーシートの記入

01 エントリーシートの目的

・応募者を，決められた採用予定者数に絞り込むこと

・面接時の資料にする

の2つ。

■知りたいのは職務遂行能力

採用担当者が学生を見る場合は，「こいつは与えられた仕事をこなせるかどうか」という目で見ている。企業に必要とされているのは仕事をする能力なのだ。

Point

質問に忠実に，"自分がいかにその会社の求める人材に当てはまるか"を
丁寧に答えること。

02 効果的なエントリーシートの書き方

■情報を伝える書き方

課題をよく理解していることを相手に伝えるような気持ちで書く。

■文章力

大切なのは全体のバランスが取れているか。書く前に，何をどれくらいの字数で収めるか計算しておく。

「起承転結」でいえば，「起」は，文章を起こす導入部分。「承」は，起を受けて，その提起した問題に対して承認を求める部分。「転」は，自説を展開する部分。もっともオリジナリティが要求される。「結」は，最後の締めの結論部分。文章の構成・まとめる力で，総合的な能力が高いことをアピールする。

エントリーシートでよく取り上げられる題材と，その出題意図

　エントリーシートで求められるものは，「自己PR」「志望動機」「将来どうなりたいか（目指すこと）」の3つに大別される。

1.「自己PR」

　自己分析にしたがって作成していく。重要なのは，「なぜそうしようと思ったか？」「○○をした結果，何が変わったのか？何を得たのか？」という“連続性”が分かるかどうかがポイント。

2.「志望動機」

　自己PRと一貫性を保ち，業界志望理由と企業志望理由を差別化して表現するように心がける。志望する業界の強みと弱み，志望企業の強みと弱みの把握は基本。

3.「将来の展望」

　どんな社員を目指すのか，仕事へはどう臨もうと思っているか，目標は何か，などが問われる。仕事内容を事前に把握しておくだけでなく，5年後の自分，10年後の自分など，具体的な将来像を描いておくことが大切。

表現力，理解力のチェックポイント

❏文法，語法が正しいかどうか
❏論旨が論理的で一貫しているかどうか
❏1センテンスが簡潔かどうか
❏表現が統一されているかどうか（「です，ます」調か「だ，である」調か）

01 個人面接

●自由面接法

面接官と受験者のキャラクターやその場の雰囲気，質問と応答の進行具合などによって雑談形式で自由に進められる。

●標準面接法

自由面接法とは逆に，質問内容や評価の基準などがあらかじめ決まっている。実際には自由面接法と併用で，おおまかな質問事項や判定基準，評価ポイントを決めておき，質疑応答の内容上の制限を緩和しておくスタイルが一般的。1次面接などでは標準面接法をとり，2次以降で自由面接法をとる企業も多い。

●非指示面接法

受験者に自由に発言してもらい，面接官は話題を引き出したりするときなど，最小限の質問をするという方法。

●圧迫面接法

わざと受験者の精神状態を緊張させ，受験者がどのような応答をするかを観察し，判定する。受験者は，冷静に対応することが肝心。

02 集団面接

面接の方法は個人面接と大差ないが，面接官がひとつの質問をして，受験者が順にそれに答えるという方法と，面接官が司会役になって，座談会のような形式で進める方法とがある。

座談会のようなスタイルでの面接は，なるべく受験者全員が関心をもっているような話題を取りあげ，意見を述べさせるという方法。この際，司会役以外の面接官は一言も発言せず，判定・評価に専念する。

03 グループディスカッション

　グループディスカッション（以下，GD）の時間は30〜60分程度，1グループの人数は5〜10人程度で，司会は面接官が行う場合や，時間を決めて学生が交替で行うことが多い。面接官は内容については特に指示することはなく，受験者がどのようにGDを進めるかを観察する。

　評価のポイントは，全体的には理解力，表現力，指導性，積極性，協調性など，個別的には性格，知識，適性などが観察される。

　GDの特色は，集団の中での個人ということで，受験者の能力がどの程度のものであるか，また，どのようなことに向いているかを判定できること。受験者は，グループの中における自分の位置を面接官に印象づけることが大切だ。

グループディスカッション方式の面接におけるチェックポイント

❏全体の中で適切な論点を提供できているかどうか。
❏問題解決に役立つ知識を持っているか，また提供できているかどうか。
❏もつれた議論を解きほぐし，的はずれの議論を元に引き戻す努力をしているかどうか。
❏グループ全体としての目標をいつも考えているかどうか。
❏感情的な対立や攻撃をしかけているようなことはないか。
❏他人の意見に耳を傾け，よい意見には賛意を表し，それを全体に推し広げようという寛大さがあるかどうか。
❏議論の流れを自然にリードするような主導性を持っているかどうか。
❏提出した意見が議論の進行に大きな影響を与えているかどうか。

04 面接時の注意点

●控え室

　控え室には，指定された時間の15分前には入室しよう。そこで担当の係から，面接に際しての注意点や手順の説明が行われるので，疑問点は積極的に聞くようにし，心おきなく面接にのぞめるようにしておこう。会社によっては，所定のカードに必要事項を書き込ませたり，お互いに自己紹介をさせたりする場合もある。また，この控え室での行動も細かくチェックして，合否の資料にしている会社もある。

●入室・面接開始

係員がドアの開閉をしてくれる場合もあるが，それ以外は軽くノックして入室し，必ずドアを閉める。そして入口近くで軽く一礼し，面接官か補助員の「どうぞ」という指示で正面の席に進み，ここで再び一礼をする。そして，学校名と氏名を名のって静かに着席する。着席時は，軽く椅子にかけるようにする。

●面接終了と退室

面接の終了が告げられたら，椅子から立ち上がって一礼し，椅子をもとに戻して，面接官または係員の指示を受けて退室する。

その際も，ドアの前で面接官のほうを向いて頭を下げ，静かにドアを開閉する。控え室に戻ったら，係員の指示を受けて退社する。

05 面接試験の評定基準

●協調性

企業という「集団」では，他人との協調性が特に重視される。

感情や態度が円満で調和がとれていること，極端に好悪の情が激しくなく，物事の見方や考え方が穏健で中立であることなど，職場での人間関係を円滑に進めていくことのできる人物かどうかが評価される。

●話し方

外観印象的には，言語の明瞭さや応答の態度そのものがチェックされる。小さな声で自信のない発言，乱暴野卑な発言は減点になる。

考えをまとめたら，言葉を選んで話すくらいの余裕をもって，真剣に応答しようとする姿勢が重視される。軽率な応答をしたり，まして発言に矛盾を指摘されるような事態は極力避け，もしそのような状況になりそうなときは，自分の非を認めてはっきりと謝るような態度を示すべき。

●好感度

実社会においては，外観による第一印象が，人間関係や取引に大きく影響を及ぼす。

「フレッシュな爽やかさ」に加え，入社志望など，自分の意思や希望をより明確にすることで，強い信念に裏づけられた姿勢をアピールできるよう努力したい。

●判断力

何を質問されているのか，何を答えようとしているのか，常に冷静に判断していく必要がある。

●表現力

話に筋道が通り理路整然としているか，言いたいことが簡潔に言えるか，話し方に抑揚があり聞く者に感銘を与えるか，用語が適切でボキャブラリーが豊富かどうか。

●積極性

活動意欲があり，研究心旺盛であること，進んで物事に取り組み，創造的に解決しようとする意欲が感じられること，話し方にファイトや情熱が感じられること，など。

●計画性

見通しをもって順序よく合理的に仕事をする性格かどうか，またその能力の有無。企業の将来性のなかに，自分の将来をどうかみ合わせていこうとしているか，現在の自分を出発点として，何を考え，どんな仕事をしたいのか。

●安定性

情緒の安定は，社会生活に欠くことのできない要素。自分自身をよく知っているか，他の人に流されない信念をもっているか。

●誠実性

自分に対して忠実であろうとしているか，物事に対してどれだけ誠実な考え方をしているか。

●社会性

企業は集団活動なので，自分の考えに固執したり，不平不満が多い性格は向かない。柔軟で適応性があるかどうか。

| 清潔感や明朗さ，若々しさといった外観面も重視される。 |

06 面接試験の質問内容

1. 志望動機

受験先の概要や事業内容はしっかりと頭の中に入れておく。また，その企業の企業活動の社会的意義と，自分自身の志望動機との関連を明確にしておく。「安定している」「知名度がある」「将来性がある」といった利己的な動機，「自

分の性格に合っている」というような，あいまいな動機では説得力がない。安定性や将来性は，具体的にどのような企業努力によって支えられているのかという考察も必要だし，それに対する受験者自身の評価や共感なども問われる。

①どうしてその業種なのか

②どうしてその企業なのか

③どうしてその職種なのか

以上の①〜③と，自分の性格や資質，専門などとの関連性を説明できるようにしておく。

自分がどうしてその会社を選んだのか，どこに大きな魅力を感じたのかを，できるだけ具体的に，情熱をもって語ることが重要。自分の長所と仕事の適性を結びつけてアピールし，仕事のやりがいや仕事に対する興味を述べるのもよい。

■複数の企業を受験していることは言ってもいい？

同じ職種，同じ業種で何社かかけもちしている場合，正直に答えてもかまわない。しかし，「第一志望はどこですか」というような質問に対して，正直に答えるべきかどうかというと，やはりこれは疑問がある。どんな会社でも，他社を第一志望にあげられれば，やはり愉快には思わない。

また，職種や業種の異なる会社をいくつか受験する場合も同様で，極端に性格の違う会社をあげれば，その矛盾を突かれるのは必至だ。

2. 仕事に対する意識・職業観

採用試験の段階では，次年度の配属予定が具体的に固まっていない会社もかなりある。具体的に職種や部署などを細分化して募集している場合は別だが，そうでない場合は，希望職種をあまり狭く限定しないほうが賢明。どの業界においても，採用後，新入社員には，研修としてその会社の各セクションをひと通り経験させる企業は珍しくない。そのうえで，具体的な配属計画を検討するのだ。

大切なことは，就職や職業というものを，自分自身の生き方の中にどう位置づけるか，また，自分の生活の中で仕事とはどういう役割を果たすのかを考えてみること。つまり自分の能力を活かしたい，社会に貢献したい，自分の存在価値を社会的に実現してみたい，ある分野で何か自分の力を試してみたい……，などの場合を考え，それを自分自身の人生観，志望職種や業種などとの関係を考えて組み立ててみる。自分の人生観をもとに，それを自分の言葉で表現できるようにすることが大切。

3. 自己紹介・自己PR

性格そのものを簡単に変えたり，欠点を克服したりすることは実際には難しいが，“仕方がない”という姿勢を見せることは禁物で，どんなささいなことでも，努力している面をアピールする。また一般的にいって，専門職を除けば，就職時になんらかの資格や技能を要求する企業は少ない。

　ただ，資格をもっていれば採用に有利とは限らないが，専門性を要する業種では考慮の対象とされるものもある。たとえば英検，簿記など。

　企業が学生に要求しているのは，4年間の勉学を重ねた学生が，どのように仕事に有用であるかということで，学生の知識や学問そのものを聞くのが目的ではない。あくまで，社会人予備軍としての謙虚さと素直さを失わないようにする。

　知識や学力よりも，その人の人間性，ビジネスマンとしての可能性を重視するからこそ，面接担当者は，学生生活全般について尋ねることで，書類だけでは分からない人間性を探ろうとする。

　何かうち込んだものや思い出に残る経験などは，その人の人間的な成長になんらかの作用を及ぼしているものだ。どんな経験であっても，そこから受けた印象や教訓などは，明確に答えられるようにしておきたい。

4. 一般常識・時事問題

　一般常識・時事問題については筆記試験の分野に属するが，面接でこうしたテーマがもち出されることも珍しくない。受験者がどれだけ社会問題に関心をもっているか，一般常識をもっているか，また物事の見方・考え方に偏りがないかなどを判定する。知識や教養だけではなく，一問一答の応答を通じて，その人の性格や適応能力まで判断されることになる。

07 面接に向けての事前準備

■面接試験1カ月前までには万全の準備をととのえる

●志望会社・職種の研究

　新聞の経済欄や経済雑誌などのほか，会社年鑑，株式情報など書物による研究をしたり，インターネットにあがっている企業情報や，検索によりさまざまな角度から調べる。すでにその会社へ就職している先輩や知人に会って知識を得たり，大学のキャリアセンターへ情報を求めるなどして総合的に判断する。

■専攻科目の知識・卒論のテーマなどの整理

大学時代にどれだけ勉強してきたか，専攻科目や卒論のテーマなどを整理しておく。

■**時事問題に対する準備**

　毎日欠かさず新聞を読む。志望する企業の話題は，就職ノートに整理するなどもアリ。

面接当日の必需品

❏必要書類（履歴書，卒業見込証明書，成績証明書，健康診断書，推薦状）

❏学生証

❏就職ノート（志望企業ファイル）

❏印鑑，朱肉

❏筆記用具（万年筆，ボールペン，サインペン，シャープペンなど）

❏手帳，ノート

❏地図（訪問先までの交通機関などをチェックしておく）

❏現金（小銭も用意しておく）

❏腕時計（オーソドックスなデザインのもの）

❏ハンカチ，ティッシュペーパー

❏くし，鏡（女性は化粧品セット）

❏シューズクリーナー

❏ストッキング

❏折りたたみ傘（天気予報をチェックしておく）

❏携帯電話，充電器

■一般常識試験

社会人として企業活動を行ううえで最低限必要となる一般常識のほか，
英語，国語，社会(時事問題)，数学などの知識の程度を確認するもの。

　難易度はおおむね中学・高校の教科書レベル。一般常識の問題集を1冊やっておけばよいが，業界によっては専門分野が出題されることもあるため，必ず志望する企業のこれまでの試験内容は調べておく。

■一般常識試験の対策

　・英語　慣れておくためにも，教科書を復習する，英字新聞を読むなど。
　・国語　漢字，四字熟語，反対語，同音異義語，ことわざをチェック。
　・時事問題　新聞や雑誌，テレビ，ネットニュースなどアンテナを張っておく。

■適性検査

　SPI（Synthetic Personality Inventory）試験（SPI3試験）とも呼ばれ，能力テストと性格テストを合わせたもの。

　能力テストでは国語能力を測る「言語問題」と，数学能力を測る「非言語問題」がある。言語的能力，知覚能力，数的能力のほか，思考・推理能力，記憶力，注意力などの問題で構成されている。

　性格テストは「はい」か「いいえ」で答えていく。仕事上の適性と性格の傾向などが一致しているかどうかをみる。

SPIは職務への適応性を客観的にみるためのもの。

STEP 7 論作文の書き方

01 「論文」と「作文」

　一般に「論文」はあるテーマについて自分の意見を述べ，その論証をする文章で，必ず意見の主張とその論証という2つの部分で構成される。問題提起と論旨の展開，そして結論を書く。

　「作文」は，一般的には感想文に近いテーマ，たとえば「私の興味」「将来の夢」といったものがある。

　就職試験では「論文」と「作文」を合わせた"論作文"とでもいうようなものが出題されることが多い。

　論作文試験とは，「文章による面接」。テーマに書き手がどういう態度を持っているかを知ることが，出題の主な目的だ。受験者の知識・教養・人生観・社会観・職業観，そして将来への希望などが，どのような思考を経て，どう表現されているかによって，企業にとって，必要な人物かどうかを判断している。

　論作文の場合には，書き手の社会的意識や考え方に加え，「感銘を与える」働きが要求される。就職活動とは，企業に対し「自分をアピールすること」だということを常に念頭に置いておきたい。

Point

論文と作文の違い

	論　文	作　文
テーマ	学術的・社会的・国際的なテーマ。時事，経済問題など	個人的・主観的なテーマ。人生観，職業観など
表現	自分の意見や主張を明確に述べる。	自分の感想を述べる。
展開	四段型（起承転結）の展開が多い。	三段型（はじめに・本文・結び）の展開が多い。
文体	「だ調・である調」のスタイルが多い。	「です調・ます調」のスタイルが多い。

・テーマ

与えられた課題（テーマ）を，受験者はどのように理解しているか。

出題されたテーマの意義をよく考え，それに対する自分の意見や感情が，十分に整理されているかどうか。

・表現力

課題について本人が感じたり，考えたりしたことを，文章で的確に表しているか。

・字・用語・その他

かなづかいや送りがなが合っているか，文中で引用されている格言やことわざの類が使用法を間違えていないか，さらに誤字・脱字に至るまで，文章の基本的な力が受験者の人柄ともからんで厳密に判定される。

・オリジナリティ

魅力がある文章とは，オリジナリティを率直に出すこと。自分の感情や意見を，自分の言葉で表現する。

・生活態度

文章は，書き手の人格や人柄を映し出す。平素の社会的関心や他人との協調性，趣味や読書傾向はどうであるかといった，受験者の日常における生き方，生活態度がみられる。

・字の上手・下手

できるだけ読みやすい字を書く努力をする。また，制限字数より文章が長くなって原稿用紙の上下や左右の空欄に書き足したりすることは避ける。消しゴムで消す場合にも，丁寧に。

いずれの場合でも，表面的な文章力を問うているのではなく，受験者の人柄のほうを重視している。

マナーチェックリスト

就活において企業の人事担当は，面接試験やOG／OB訪問，そして面接試験において，あなたのマナーや言葉遣いといった，「常識力」をチェックしている。現在の自分はどのくらい「常識力」が身についているかをチェックリストで振りかえり，何ができて，何ができていないかを明確にしたうえで，今後の取り組みに生かしていこう。

評価基準　5：大変良い　4：やや良い　3：どちらともいえない　2：やや悪い　1：悪い

	項　目	評　価	メ　モ
挨拶	明るい笑顔と声で挨拶をしているか		
	相手を見て挨拶をしているか		
	相手より先に挨拶をしているか		
	お辞儀を伴った挨拶をしているか		
	直接の応対者でなくても挨拶をしているか		
表情	笑顔で応対しているか		
	表情に私的感情がでていないか		
	話しかけやすい表情をしているか		
	相手の話は真剣な顔で聞いているか		
身だしなみ	前髪は目にかかっていないか		
	髪型は乱れていないか／長い髪はまとめているか		
	髭の剃り残しはないか／化粧は健康的か		
	服は汚れていないか／清潔に手入れされているか		
	機能的で職業・立場に相応しい服装をしているか		
	華美なアクセサリーはつけていないか		
	爪は伸びていないか		
	靴下の色は適当か／ストッキングの色は自然な肌色か		
	靴の手入れは行き届いているか		
	ポケットに物を詰めすぎていないか		

項　目		評　価	メ　モ
言葉遣い	専門用語を使わず，相手にわかる言葉で話しているか		
	状況や相手に相応しい敬語を正しく使っているか		
	相手の聞き取りやすい音量・速度で話しているか		
	語尾まで丁寧に話しているか		
	気になる言葉癖はないか		
動作	物の授受は両手で丁寧に実施しているか		
	案内・指し示し動作は適切か		
	キビキビとした動作を心がけているか		
心構え	勤務時間・指定時間の５分前には準備が完了しているか		
	心身ともに健康管理をしているか		
	仕事とプライベートの切替えができているか		

☑ 常に自己点検をするクセをつけよう

「人を表情やしぐさ，身だしなみなどの見かけで判断してはいけない」と一般にいわれている。確かに，人の個性は見かけだけではなく，内面においても見いだされるもの。しかし，私たちは人を第一印象である程度決めてしまう傾向がある。それが面接試験など初対面の場合であればなおさらだ。したがって，チェックリストにあるような挨拶，表情，身だしなみ等に注意して面接試験に臨むことはとても重要だ。ただ，これらは面接試験前にちょっと対策したからといって身につくようなものではない。付け焼き刃的な対策をして面接試験に臨んでも，面接官はあっという間に見抜いてしまう。日頃からチェックリストにあるような項目を意識しながら行動することが大事であり，そうすることで，最初はぎこちない挨拶や表情等も，その人の個性に応じたすばらしい所作へ変わっていくことができるのだ。さっそく，本日から実行してみよう。

面接試験において，印象を決定づける表情はとても大事。
どのようにすれば感じのいい表情ができるのか，ポイントを確認していこう。

明るく,温和で
柔らかな表情をつくろう

人間関係の潤滑油

表情に関しては，まずは豊かである
ということがベースになってくる。う
れしい表情，困った表情，驚いた表
情など，さまざまな気持ちを表現で
きるということが，人間関係を潤いの
あるものにしていく。

Point

　表情はコミュニケーションの大前提。相手に「いつでも話しかけてくださ
いね」という無言の言葉を発しているのが，就活に求められる表情だ。面接
官が安心してコミュニケーションをとろうと思ってくれる表情。それが，明
るく，温和で柔らかな表情となる。

カンタンTraining

Training 01

喜怒哀楽を表してみよう

- ・人との出会いを楽しいと思うことが表情の基本
- ・表情を豊かにする大前提は相手の気持ちに寄り添うこと
- ・目元・口元だけでなく，眉の動きを意識することが大事

Training 02

表情筋のストレッチをしよう

- ・表情筋は「ウイスキー」の発音によって鍛える
- ・意識して毎日，取り組んでみよう
- ・笑顔の共有によって相手との距離が縮まっていく

コミュニケーションは挨拶から始まり，その挨拶ひとつで印象は変わるもの。
ポイントを確認していこう。

丁寧にしっかりと
はっきり挨拶をしよう

人間関係の第一歩

挨拶は心を開いて，相手に近づくコ
ミュニケーションの第一歩。たかが
挨拶，されど挨拶の重要性をわきま
えて，きちんとした挨拶をしよう。形，
つまり"技"も大事だが，心をこめ
ることが最も重要だ。

Point

挨拶はコミュニケーションの第一歩。相手が挨拶するのを待っているの
は望ましくない。挨拶の際のポイントは丁寧であることと，はっきり声に出
すことの2つ。丁寧な挨拶は，相手を大事にして迎えている気持ちの表れ
となる。はっきり声に出すことで，これもきちんと相手を迎えていることが
伝わる。また，相手もその応答として挨拶してくれることで，会ってすぐに
双方向のコミュニケーションが成立する。

いますぐデキる
カンタンTraining

Training **01**

３つのお辞儀をマスターしよう

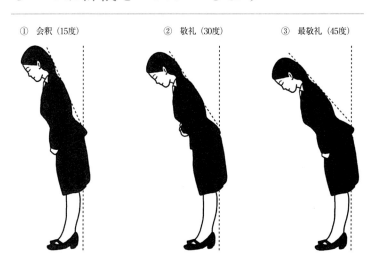

① 会釈（15度） ② 敬礼（30度） ③ 最敬礼（45度）

・息を吸うことを意識してお辞儀をするとキレイな姿勢に
・目線は真下ではなく，床前方1.5m先ぐらいを見よう
・相手への敬意を忘れずに

Training **02**

対面時は言葉が先，お辞儀が後

・相手に体を向けて先に自ら挨拶をする
・挨拶時，相手とアイコンタクトを
　しっかり取ろう
・挨拶の後に，お辞儀をする。
　これを「語先後礼」という

コミュニケーションは「話す」よりも「聞く」ことといわれる。相手が話しやすい聞き方の，ポイントを確認しよう。

受容の立場で
傾聴しよう

相手の話を受けとめる

話を聞くときは，やや前に傾く姿勢をとる。表情と姿勢が合わさることにより，話し手の心が開き「あれも，これも話そう」という気持ちになっていく。また，「はい」と一度のお辞儀で頷くと相手の話を受け止めているというメッセージにつながる。

Point

　話をすること，話を聞いてもらうことは誰にとってもプレッシャーを伴うもの。そのため，「何でも話して良いんですよ」「何でも話を聞きますよ」「心配しなくて良いんですよ」という気持ちで聞くことが大切になる。その気持ちが聞く姿勢に表れれば，相手は安心して話してくれる。

いますぐデキる
カンタンTraining

Training 01
頷きは一度で

・相手が話した後に「はい」と
　一言発する
・頷きすぎは逆効果

Training 02
目線は自然に

・鼻の付け根あたりを見ると
　自然な印象に
・目を見つめすぎるのはNG

Training 03
話の句読点で視線を移す

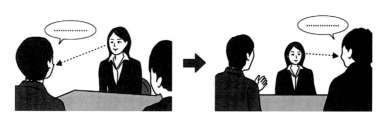

・視線は話している人を見ることが基本
・複数の人の話を聞くときは句読点を意識し，
　視線を振り分けることで聞く姿勢を表す

伝わる話し方

自分の意思を相手に明確に伝えるためには，話し方が重要となる。はっきりと的確に話すためのポイントを確認しよう。

明るい発声を
心がけよう

ボリュームを意識して

話すときのポイントとしては，ボリュームを意識することが挙げられる。会議室の一番奥にいる人に声が届くように意識することで，声のボリュームはコントロールされていく。

Point

コミュニケーションとは「伝達」すること。どのようなことも，適当に伝えるのではなく，伝えるべきことがきちんと相手に届くことが大切になる。そのためには，はっきりと，分かりやすく，丁寧に，心を込めて話すこと。言葉だけでなく，表情やジェスチャーを加えることも有効。

いますぐデキる
カンタンTraining

Training 01

腹式呼吸で発声練習

- 「あえいうえおあお」と発声する
- 腹式呼吸は，胸部をなるべく動かさずに，息を吸うときにお腹や腰が膨らむよう意識する呼吸法

Training 02

早口言葉にチャレンジ

おあやや
母親に
お謝り

- 「おあやや，母親に，お謝り」と早口で
- 口がすぼまった「お」と口が開いた「あ」の発音に，変化をつけられるかがポイント

Training 03

ジェスチャーを有効活用

- 腰より上でジェスチャーをする
- 体から離した位置に手をもっていく
- ジェスチャーをしたら戻すところをさだめておく

身だしなみはその人自身を表すもの。身だしなみの基本について，ポイントを
確認しよう。

清潔感,さわやかさを
醸し出せるようにしよう

プロの企業人に
ふさわしい身だしなみを

信頼感，安心感をもたれる身だしな
みを考えよう。TPOに合わせた服装は，
すなわち "礼" を表している。そして，
身だしなみには，「清潔感」,「品のよさ」,
「控え目である」 という，3つのポイ
ントがある。

Point

相手との心理的な距離や物理的な距離が遠ければ，コミュニケーションは
成立しにくくなる。見た目が不潔では誰も近付いてこない。身だしなみが
清潔であること，爽やかであることは相手との距離を縮めることにも繋がる。

カンタンTraining

Training 01

髪型，服装を整えよう

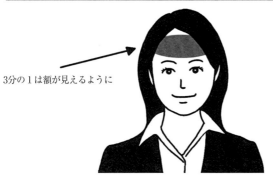

3分の1は額が見えるように

- 男性も女性も眉が見える髪型が望ましい。3分の1は額が見えるように。額は知性と清潔感を伝える場所。男性の髪の長さは耳や襟にかからないように
- スーツで相手の前に立つときは，ボタンはすべて留める。男性の場合は下のボタンは外す

Training 02

おしゃれとの違いを明確に

- 爪はできるだけ切りそろえる
- 爪の中の汚れにも注意
- ジェルネイル，ネイルアートはNG

Training 03

足元にも気を配って

- 女性の場合はパンプス，男性の場合は黒の紐靴が望ましい
- 靴はこまめに汚れを落とし見栄えよく

姿勢にはその人の意欲が反映される。前向き，活動的な姿勢を表すにはどうしたらよいか，ポイントを確認しよう。

前向き,活動的な 姿勢を維持しよう

一直線と左右対称

正しい立ち姿として，耳，肩，腰，くるぶしを結んだ線が一直線に並んでいることが最大のポイントになる。そのラインが直線に近づくほど立ち姿がキレイに整っていることになる。また，"左右対称"というのもキレイな姿勢の要素のひとつになる。

Point

　姿勢は，身体と心の状態を反映するもの。そのため，良い姿勢でいることは，印象が清々しいだけでなく，健康で元気そうに見え，話しかけやすさにも繋がる。歩く姿勢，立つ姿勢，座る姿勢など，どの場面にも心身の健康状態が表れるもの。日頃から心身の健康状態に気を配り，フィジカルとメンタル両面の自己管理を心がけよう。

カンタンTraining

Training 01

キレイな歩き方を心がけよう

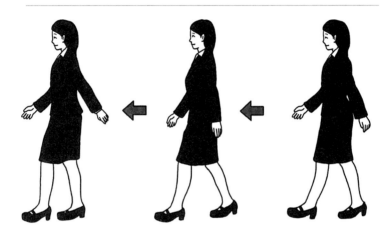

・女性は1本の線上を，男性はそれよりも太い線上を沿うように歩く
・一歩踏み出したときに前の足に体重を乗せるように，腰から動く
・12時の方向につま先をもっていく

Training 02

前向きな気持ちを持とう

・常に前向きな気持ちが姿勢を正す
・ポジティブ思考を心がけよう

言葉遣いの正しさはとは，場面にあった言葉を遣うということ。相手を気づかいながら，言葉を選ぶことで，より正しい言葉に近づいていく。

相手と場面に合わせた ふさわしい言葉遣いを

次の文は接客の場面でよくある間違えやすい敬語です。
それぞれの言い方は○×どちらでしょうか。

問1「資料をご拝読いただきありがとうございます」

問2「こちらのパンフレットはもういただかれましたか？」

問3「恐れ入りますが，こちらの用紙にご記入してください」

問4「申し訳ございませんが，来週，休ませていただきます」

問5「先ほどの件，帰りましたら上司にご報告いたしますので」

Point

　ビジネスのシーンに敬語は欠くことができない。何度もやり取りをしていく中で，親しさの度合いによっては，あえてくだけた表現を用いることもあるが，「親しき仲にも礼儀あり」と言われるように，敬意や心づかいをおろそかにしてはいけないもの。相手に誤解されたり，相手の気分を壊すことのないように，相手や場面にふさわしい言葉遣いが大切になる。

問1 （×） ○正しい言い換え例

→「ご覧いただきありがとうございます」など

「拝読」は自分が「読む」意味の謙譲語なので，相手の行為に使うのは誤り。読むと見るは同義なため，多く，見るの尊敬語「ご覧になる」が用いられる。

問2 （×） ○正しい言い換え例

→「お持ちですか」「お渡ししましたでしょうか」 など

「いただく」は，食べる・飲む・もらうの謙譲語。「もらったかどうか」と聞きたいのだから，「おもらいになりましたか」と言えないこともないが，持っているかどうか，受け取ったかどうかという意味で「お持ちですか」などが使われることが多い。また，自分側が渡すような場合は，「お渡しする」を使って「お渡ししましたでしょうか」などの言い方に換えることもできる。

問3 （×） ○正しい言い換え例

→「恐れ入りますが，こちらの用紙にご記入ください」など

「ご記入する」の「お（ご）〜する」は謙譲語の形。相手の行為を謙譲語で表すことになるため誤り。「して」を取り除いて「ご記入ください」か，和語に言い換えて「お書きください」とする。ほかにも「お書き／ご記入・いただけますでしょうか・願います」などの表現もある。

問4 （△）

有給休暇を取る場合や，弔事等で休むような場面で，用いられることも多い。「休ませていただく」ということで一見丁寧に響くが，「来週休むと自分で休みを決めている」という勝手な表現にも受け取られかねない言葉だ。ここは同じ「させていただく」を用いても，相手の都合をうかがう言い方に換えて「○○がございまして，申し訳ございませんが，休みをいただいてもよろしいでしょうか」などの言い換えが好ましい。

問5 （×）○正しい言い換え例

→「上司に報告いたします」

「ご報告いたします」は，ソトの人との会話で使うとするならば誤り。「ご報告いたします」の「お・ご〜いたす」は，「お・ご〜する」と「〜いたす」という2つの敬語を含む言葉。そのうちの「お・ご〜する」は，主語である自分を低めて相手＝上司を高める働きをもつ表現（謙譲語Ⅰ）。一方「〜いたす」は，主語の私を低めて，話の聞き手に対して丁重に述べる働きをもつ表現（謙譲語Ⅱ　丁重語）。「お・ご〜する」も「〜いたす」も同じ謙譲語であるため紛らわしいが，主語を低める（謙譲）という働きは同じでも，行為の相手を高める働きがあるかないかという点に違いがあるといえる。

敬語は正しく使用することで，相手の印象を大きく変えることができる。尊敬語，謙譲語の区別をはっきりつけて，誤った用法で話すことのないように気をつけよう。

言葉の使い方が
マナーを表す!

■よく使われる尊敬語の形 「言う・話す・説明する」の例

専用の尊敬語型	おっしゃる
～れる・～られる型	言われる・話される・説明される
お（ご）～になる型	お話しになる・ご説明になる
お（ご）～なさる型	お話しなさる・ご説明なさる

■よく使われる謙譲語の形 「言う・話す・説明する」の例

専用の謙譲語型	申す・申し上げる
お（ご）～する型	お話しする・ご説明する
お（ご）～いたす型	お話しいたします・ご説明いたします

Point

　同じ尊敬語・謙譲語でも，よく使われる代表的な形がある。ここではその一例をあげてみた。敬語の使い方に迷ったときなどは，まずはこの形を思い出すことで，大抵の語はこの型にはめ込むことができる。同じ言葉を用いたほうがよりわかりやすいといえるので，同義に使われる「言う・話す・説明する」を例に考えてみよう。

　ほかにも「お話しくださる」や「お話しいただく」「お元気でいらっしゃる」などの形もあるが，まずは表の中の形を見直そう。

■よく使う動詞の尊敬語・謙譲語
なお，尊敬語の中の「言われる」などの「れる・られる」を付けた形は省力している。

基本	尊敬語（相手側）	謙譲語（自分側）
会う	お会いになる	お目にかかる・お会いする
言う	おっしゃる	申し上げる・申す
行く・来る	いらっしゃる おいでになる お見えになる お越しになる お出かけになる	伺う・参る お伺いする・参上する
いる	いらっしゃる・おいでになる	おる
思う	お思いになる	存じる
借りる	お借りになる	拝借する・お借りする
聞く	お聞きになる	拝聴する 拝聞する お伺いする・伺う お聞きする
知る	ご存じ（知っているという意で）	存じ上げる・存じる
する	なさる	いたす
食べる・飲む	召し上がる・お召し上がりになる お飲みになる	いただく・頂戴する
見る	ご覧になる	拝見する
読む	お読みになる	拝読する

「お伺いする」「お召し上がりになる」などは，「伺う」「召し上がる」自体が敬語なので
「二重敬語」ですが，慣習として定着しており間違いではないもの。

```
~Point~
　　上記の「敬語表」は，よく使うと思われる動詞をそれぞれ尊敬語・謙譲語
で表したもの。このように大体の言葉は型にあてはめることができる。言
葉の中には「お（ご）」が付かないものもあるが，その場合でも「～なさる」
を使って，「スピーチなさる」や「運営なさる」などと言うことができる。ま
た，表では，「言う」の尊敬語「言われる」の例は省いているが，れる・ら
れる型の「言われる」よりも「おっしゃる」「お話しになる」「お話しなさる」
などの言い方のほうが，より敬意も高く，言葉としても何となく響きが落ち
着くといった印象を受けるものとなる。
```

会話は相手があってのこと。いかなる場合でも，相手に対する心くばりを忘れないことが，会話をスムーズに進めるためのコツになる。

心くばりを添えるひと言で
言葉の印象が変わる!

　相手に何かを頼んだり，また相手の依頼を断ったり，相手の抗議に対して反論したりする場面では，いきなり自分の意見や用件を切り出すのではなく，場面に合わせて心くばりを伝えるひと言を添えてから本題に移ると，響きがやわらかくなり，こちらの意向も伝えやすくなる。俗にこれは「クッション言葉」と呼ばれている。(右表参照)

Point

　ビジネスの場面で，相手と話したり手紙やメールを送る際には，何か依頼事があってという場合が多いもの。その場合に「ちょっとお願いなんですが…」では，ふだんの会話と変わりがないものになってしまう。そこを「突然のお願いで恐れ入りますが」「急にご無理を申しまして」「こちらの勝手で恐縮に存じますが」「折り入ってお願いしたいことがございまして」などの一言を添えることで，直接的なきつい感じが和らぐだけでなく，「申し訳ないのだけれど，もしもそうしていただくことができればありがたい」という，相手への配慮や願いの気持ちがより強まる。このような前置きの言葉もうまく用いて，言葉に心くばりを添えよう。

相手の意向を尋ねる場合	「よろしければ」「お差し支えなければ」
	「ご都合がよろしければ」「もしお時間がありましたら」
	「もしお嫌いでなければ」「ご興味がおありでしたら」
相手に面倒を かけてしまうような場合	「お手数をおかけしますが」
	「ご面倒をおかけしますが」
	「お手を煩わせまして恐縮ですが」
	「お忙しい時に申し訳ございませんが」
	「お時間を割いていただき申し訳ありませんが」
	「貴重なお時間を頂戴し恐縮ですが」
自分の都合を 述べるような場合	「こちらの勝手で恐縮ですが」
	「こちらの都合（ばかり）で申し訳ないのですが」
	「私どもの都合ばかりを申しまして，まことに申し訳なく存じますが」
	「ご無理を申し上げまして恐縮ですが」
急な話をもちかけた場合	「突然のお願いで恐れ入りますが」
	「急にご無理を申しまして」
	「もっと早くにご相談申し上げるべきところでございましたが」
	「差し迫ってのことでまことに申し訳ございませんが」
何度もお願いする場合	「たびたびお手数をおかけしまして恐縮に存じますが」
	「重ね重ね恐縮に存じますが」
	「何度もお手を煩わせまして申し訳ございませんが」
	「ご面倒をおかけしてばかりで，まことに申し訳ございませんが」
難しいお願いをする場合	「ご無理を承知でお願いしたいのですが」
	「たいへん申し上げにくいのですが」
	「折り入ってお願いしたいことがございまして」
あまり親しくない相手に お願いする場合	「ぶしつけなお願いで恐縮ですが」
	「ぶしつけながら」
	「まことに厚かましいお願いでございますが」
相手の提案・誘いを断る場合	「申し訳ございませんが」
	「（まことに）残念ながら」
	「せっかくのご依頼ではございますが」
	「たいへん恐縮ですが」
	「身に余るお言葉ですが」
	「まことに失礼とは存じますが」
	「たいへん心苦しいのですが」
	「お引き受けしたいのはやまやまですが」
問い合わせの場合	「つかぬことをうかがいますが」
	「突然のお尋ねで恐縮ですが」

ここでは文章の書き方における，一般的な敬称について言及している。はがき，手紙，メール等，通信手段はさまざま。それぞれの特性をふまえて有効活用しよう。

相手の気持ちになって 見やすく美しく書こう

■敬称のいろいろ

敬称	使う場面	例
様	職名・役職のない個人	（例）飯田知子様／ご担当者様／経理部長　佐藤一夫様
殿	職名・組織名・役職のある個人（公用文など）	（例）人事部長殿／教育委員会殿／田中四郎殿
先生	職名・役職のない個人	（例）松井裕子先生
御中	企業・団体・官公庁などの組織	（例）○○株式会社御中
各位	複数あてに同一文書を出すとき	（例）お客様各位／会員各位

Point

　封筒・はがきの表書き・裏書きは縦書きが基本だが，洋封筒で親しい人にあてる場合は，横書きでも問題ない。いずれにせよ，定まった位置に，丁寧な文字でバランス良く，正確に記すことが大切。特に相手の住所や名前を乱雑な文字で書くのは，配達の際の間違いを引き起こすだけでなく，受け取る側に不快な思いをさせる。相手の気持ちになって，見やすく美しく書くよう心がけよう。

■各通信手段の長所と短所

	長所	短所	用途
封書	・封を開けなければ本人以外の目に触れることがない。 ・丁寧な印象を受ける。	・多量の資料・画像送付には不向き。 ・相手に届くまで時間がかかる。	・儀礼的な文書(礼状・わび状など) ・目上の人あての文書 ・重要な書類 ・他人に内容を読まれたくない文書
はがき・カード	・封書よりも気軽にやり取りできる。 ・年賀状や季節の便り,旅先からの連絡など絵はがきとしても楽しむことができる。	・封に入っていないため,第三者の目に触れることがある。 ・中身が見えるので,改まった礼状やわび状,こみ入った内容には不向き。 ・相手に届くまで時間がかかる。	・通知状　　　・案内状 ・送り状　　　・旅先からの便り ・各種お祝い　・お礼 ・季節の挨拶
FAX	・手書きの図やイラストを文章といっしょに送れる。 ・すぐに届く。 ・控えが手元に残る。	・多量の資料の送付には不向き。 ・事務的な用途で使われることが多く,改まった内容の文書,初対面の人へは不向き。	・地図,イラストの入った文書 ・印刷物(本・雑誌など)
電話	・急ぎの連絡に便利。 ・相手の反応をすぐに確認できる。 ・直接声が聞けるので,安心感がある。	・連絡できる時間帯が制限される。 ・長々としたこみ入った内容は伝えづらい。	・緊急の用件 ・確実に用件を伝えたいとき
メール	・瞬時に届く。　　・控えが残る。 ・コストが安い。 ・大容量の資料や画像をデータで送ることができる。 ・一度に大勢の人に送ることができる。 ・相手の居場所や状況を気にせず送れる。	・事務的な印象を与えるので,改まった礼状やわび状には不向き。 ・パソコンや携帯電話を持っていない人には送れない。 ・ウィルスなどへの対応が必要。	・データで送りたいとき ・ビジネス上の連絡

Point

　はがきは手軽で便利だが,おわびやお願い,格式を重んじる手紙には不向きとなる。この種の手紙は内容もこみ入ったものとなり,加えて丁寧な文章で書かなければならないので,数行で済むことはまず考えられない。また,封筒に入っていないため,他人の目に触れるという難点もある。このように,はがきにも長所と短所があるため,使う場面や相手によって,他の通信手段と使い分けることが必要となる。

　はがき以外にも,封書・電話・FAX・メールなど,現代ではさまざまな通信手段がある。上に示したように,それぞれ長所と短所があるので,特徴を知って用途によって上手に使い分けよう。

社会人のマナーとして，電話応対のスキルは必要不可欠。まずは失礼なく電話に出ることからはじめよう。積極性が重要だ。

相手の顔が見えない分
対応には細心の注意を

■電話をかける場合

①　○○先生に電話をする

　×「私，□□社の××と言いますが，○○様はおられますでしょうか？」

　○「**××と申しますが，○○様はいらっしゃいますか？**」

「おられますか」は「おる」を謙譲語として使うため，通常は相手がいるかどうかに関しては，「いらっしゃる」を使うのが一般的。

②　相手の状況を確かめる

　×「こんにちは，××です，先日のですね…」

　○「**××です，先日は有り難うございました，今お時間よろしいでしょうか？**」

　相手が忙しくないかどうか，状況を聞いてから話を始めるのがマナー。また，やむを得ず夜間や早朝，休日などに電話をかける際は，「夜分（朝早く）に申し訳ございません」「お休みのところ恐れ入ります」などのお詫びの言葉もひと添えて話す。

③　相手が不在，何時ごろ戻るかを聞く場合

　×「戻りは何時ごろですか？」

　○「**何時ごろお戻りになりますでしょうか？**」

「戻り」はそのままの言い方，相手にはきちんと尊敬語を使う。

④　また自分からかけることを伝える

　×「そうですか，ではまたかけますので」

　○「**それではまた後ほど（改めて）お電話させていただきます**」

　戻る時間がわかる場合は，「またお戻りになりましたころにでも」「また午後にでも」などの表現もできる。

①　電話を取ったら

×「はい，もしもし，○○（社名）ですが」

○「**はい，○○（社名）でございます**」

②　相手の名前を聞いて

×「どうも，どうも」

○「**いつもお世話になっております**」

　あいさつ言葉として定着している決まり文句ではあるが，日頃のお付き合いがあってこそ。あいさつ言葉もきちんと述べよう。「お世話様」という言葉も時折耳にするが，敬意が軽い言い方となる。適切な言葉を使い分けよう。

③　相手が名乗らない

×「どなたですか？」「どちらさまですか？」

○「**失礼ですが，お名前をうかがってもよろしいでしょうか？**」

　名乗るのが基本だが，尋ねる態度も失礼にならないように適切な応対を心がけよう。

④　電話番号や住所を教えてほしいと言われた場合

×「はい，いいでしょうか？」　　×「メモのご用意は？」

○「**はい，申し上げます，よろしいでしょうか？**」

　「メモのご用意は？」は，一見親切なようにも聞こえるが，尋ねる相手も用意していることがほとんど。押し付けがましくならない程度に。

⑤　上司への取次を頼まれた場合

×「はい，今代わります」　　×「○○部長ですね，お待ちください」

○「**部長の○○でございますね，ただいま代わりますので，少々お待ちくださいませ**」

　○○部長という表現は，相手側の言い方となる。自分側を述べる場合は，「部長の○○」「○○」が適切。

Point

自分から電話をかける場合は，まずは自分の会社名や氏名を名乗るのがマナー。たとえ目的の相手が直接出た場合でも，電話では相手の様子が見えないことがほとんど。自分の勝手な判断で話し始めるのではなく，相手の都合を伺い，そのうえで話を始めるのが社会人として必要な気配りとなる。

デキるオトナをアピール

時候の挨拶

月	漢語調の表現 候，みぎりなどを付けて用いられます	口語調の表現
1月 (睦月)	初春・新春・頌春・小寒・大寒・厳寒	皆様におかれましては，よき初春をお迎えのことと存じます／厳しい寒さが続いております／珍しく暖かな寒の入りとなりました／大寒という言葉通りの厳しい寒さでございます
2月 (如月)	春寒・余寒・残寒・立春・梅花・向春	立春とは名ばかりの寒さ厳しい毎日でございます／梅の花もちらほらとふくらみ始め，春の訪れを感じる今日この頃です／春の訪れが待ち遠しいこのごろでございます
3月 (弥生)	早春・浅春・春寒・春分・春暖	寒さもようやくゆるみ，日ましに春めいてまいりました／ひと雨ごとに春めいてまいりました／日増しに暖かさが加わってまいりました
4月 (卯月)	春暖・陽春・桜花・桜花爛漫	桜花爛漫の季節を迎えました／春光うららかな好季節となりました／花冷えとでも申しましょうか，何だか肌寒い日が続いております
5月 (皐月)	新緑・薫風・惜春・晩春・立夏・若葉	風薫るさわやかな季節を迎えました／木々の緑が目にまぶしいようでございます／目に青葉，山ほととぎす，初鰹の句も思い出される季節となりました
6月 (水無月)	梅雨・向暑・初夏・薄暑・麦秋	初夏の風もさわやかな毎日でございます／梅雨前線が近づいてまいりました／梅雨の晴れ間にのぞく青空は，まさに夏を思わせるようです
7月 (文月)	盛夏・大暑・炎暑・酷暑・猛暑	梅雨が明けたとたん，うだるような暑さが続いております／長い梅雨も明け，いよいよ本格的な夏がやってまいりました／風鈴の音がわずかに涼を運んでくれているようです
8月 (葉月)	残暑・晩夏・処暑・秋暑	立秋とはほんとうに名ばかりの厳しい暑さの毎日です／残暑たえがたい毎日でございます／朝夕はいくらかしのぎやすくなってまいりました
9月 (長月)	初秋・新秋・爽秋・新涼・清涼	九月に入りましてもなお，日差しの強い毎日です／暑さもやっとおとろえはじめたようでございます／残暑も去り，ずいぶんとしのぎやすくなってまいりました
10月 (神無月)	清秋・錦秋・秋涼・秋冷・寒露	秋風もさわやかな過ごしやすい季節となりました／街路樹の葉も日ごとに色を増しております／紅葉の便りの聞かれるころとなりました／秋深く，日増しに冷気も加わってまいりました
11月 (霜月)	晩秋・暮秋・霜降・初霜・向寒	立冬を迎え，まさに冬到来を感じる寒さです／木枯らしの季節になりました／日ごとに冷気が増すようでございます／朝夕はひときわ冷え込むようになりました
12月 (師走)	寒冷・初冬・師走・歳晩	師走を迎え，何かと慌ただしい日々をお過ごしのことと存じます／年の瀬も押しつまり，何かとお忙しくお過ごしのことと存じます／今年も残すところわずかとなりました，お忙しい毎日とお察しいたします

いますぐデキる
シチュエーション別会話例

シチュエーション1　　取引先との会話

「非常に素晴らしいお話で感心しました」→NG！

「感心する」は相手の立派な行為や，優れた技量などに心を動かされるという意味。意味としては間違いではないが，目上の人に用いると，偉そうに聞こえかねない表現。「感動しました」などに言い換えるほうが好ましい。

シチュエーション2　　子どもとの会話

「お母さんは，明日はいますか？」→NG！

たとえ子どもとの会話でも，子どもの年齢によっては，ある程度の敬語を使うほうが好ましい。「明日はいらっしゃいますか」では，むずかしすぎると感じるならば，「お出かけですか」などと表現することもできる。

シチュエーション3　　同僚との会話

「今，お暇ですか」→NG？

同じ立場同士なので，暇に「お」が付いた形で「お暇」ぐらいでも構わないともいえるが，「暇」というのは，するべきことも何もない時間という意味。そのため「お暇ですか」では，あまりにも直接的になってしまう。その意味では「手が空いている」→「空いていらっしゃる」→「お手透き」などに言い換えることで，やわらかく敬意も含んだ表現になる。

シチュエーション4　　上司との会話

「なるほどですね」→NG！

「なるほど」とは，相手の言葉を受けて，自分も同意見であることを表すため，相手の言葉・意見を自分が評価するというニュアンスも含まれている。そのため自分が評価して述べているという偉そうな表現にもなりかねない。同じ同意ならば，頷き「おっしゃる通りです」などの言葉のほうが誤解なく伝わる。

就活スケジュールシート

■年間スケジュールシート

1月	2月	3月	4月	5月	6月
企業関連スケジュール					
自己の行動計画					

就職活動をすすめるうえで，当然重要になってくるのは，自己のスケジュール管理だ。企業の選考スケジュールを把握することも大切だが，自分のペースで進めることになる自己分析や業界・企業研究，面接試験のトレーニング等の計画を立てることも忘れてはいけない。スケジュールシートに「記入」する作業を通して，短期・長期の両方の面から就職試験を考えるきっかけにしよう。

7月	8月	9月	10月	11月	12月
企業関連スケジュール					
自己の行動計画					

会社別就活ハンドブックシリーズ

TOPPAN ホールディングスの就活ハンドブック

編　者　就職活動研究会

発　行　令和6年2月25日

発行者　小貫輝雄

発行所　協同出版株式会社

〒 101 − 0054
東京都千代田区神田錦町2 − 5
　電話　03 − 3295 − 1341
　振替　東京00190 − 4 − 94061

印刷所　協同出版・POD工場

落丁・乱丁はお取り替えいたします

●2025年度版●
会社別就活ハンドブックシリーズ

【全111点】

運　輸

東日本旅客鉄道の就活ハンドブック

東海旅客鉄道の就活ハンドブック

西日本旅客鉄道の就活ハンドブック

東京地下鉄の就活ハンドブック

小田急電鉄の就活ハンドブック

阪急阪神 HD の就活ハンドブック

商船三井の就活ハンドブック

日本郵船の就活ハンドブック

機　械

三菱重工業の就活ハンドブック

川崎重工業の就活ハンドブック

IHI の就活ハンドブック

島津製作所の就活ハンドブック

浜松ホトニクスの就活ハンドブック

村田製作所の就活ハンドブック

クボタの就活ハンドブック

金　融

三菱 UFJ 銀行の就活ハンドブック

三菱 UFJ 信託銀行の就活ハンドブック

みずほ FG の就活ハンドブック

三井住友銀行の就活ハンドブック

三井住友信託銀行の就活ハンドブック

野村證券の就活ハンドブック

りそなグループの就活ハンドブック

ふくおか FG の就活ハンドブック

日本政策投資銀行の就活ハンドブック

建設・不動産

三菱地所の就活ハンドブック

三井不動産の就活ハンドブック

積水ハウスの就活ハンドブック

大和ハウス工業の就活ハンドブック

鹿島建設の就活ハンドブック

大成建設の就活ハンドブック

清水建設の就活ハンドブック

資源・素材

旭旭化成グループの就活ハンドブック

東レの就活ハンドブック

ワコールの就活ハンドブック

関西電力の就活ハンドブック

日本製鉄の就活ハンドブック

中部電力の就活ハンドブック

九州電力の就活ハンドブック

自動車

トヨタ自動車の就活ハンドブック

デンソーの就活ハンドブック

本田技研工業の就活ハンドブック

日産自動車の就活ハンドブック

商　社

三菱商事の就活ハンドブック

伊藤忠商事の就活ハンドブック

住友商事の就活ハンドブック

双日の就活ハンドブック

丸紅の就活ハンドブック

豊田通商の就活ハンドブック

三井物産の就活ハンドブック

情報通信・IT

NTT データの就活ハンドブック

サイバーエージェントの就活ハンドブック

NTT ドコモの就活ハンドブック

LINE ヤフーの就活ハンドブック

野村総合研究所の就活ハンドブック

SCSK の就活ハンドブック

日本電信電話の就活ハンドブック

富士ソフトの就活ハンドブック

KDDI の就活ハンドブック

日本オラクルの就活ハンドブック

ソフトバンクの就活ハンドブック

GMO インターネットグループ

楽天の就活ハンドブック

オービックの就活ハンドブック

mixi の就活ハンドブック

DTS の就活ハンドブック

グリーの就活ハンドブック

TIS の就活ハンドブック

食品・飲料

サントリー HD の就活ハンドブック

日本たばこ産業 の就活ハンドブック

味の素の就活ハンドブック

日清食品グループの就活ハンドブック

キリン HD の就活ハンドブック

山崎製パンの就活ハンドブック

アサヒグループ HD の就活ハンドブック

キユーピーの就活ハンドブック

生活用品

資生堂の就活ハンドブック

武田薬品工業の就活ハンドブック

花王の就活ハンドブック

電気機器

三菱電機の就活ハンドブック	パナソニックの就活ハンドブック
ダイキン工業の就活ハンドブック	富士通の就活ハンドブック
ソニーの就活ハンドブック	キヤノンの就活ハンドブック
日立製作所の就活ハンドブック	京セラの就活ハンドブック
ＮＥＣの就活ハンドブック	オムロンの就活ハンドブック
富士フイルム HD の就活ハンドブック	キーエンスの就活ハンドブック

保　険

東京海上日動火災保険の就活ハンドブック	三井住友海上火災保険の就活ハンドブック
第一生命ホールディングスの就活ハンドブック	損保ジャパンの就活ハンドブック

メディア

日本印刷の就活ハンドブック	エイベックスの就活ハンドブック
博報堂 DY の就活ハンドブック	東宝の就活ハンドブック
TOPPAN ホールディングスの就活ハンドブック	

流通・小売

ニトリ HD の就活ハンドブック	ZOZO の就活ハンドブック
イオンの就活ハンドブック	

エンタメ・レジャー

オリエンタルランドの就活ハンドブック	任天堂の就活ハンドブック
アシックスの就活ハンドブック	カプコンの就活ハンドブック
バンダイナムコ HD の就活ハンドブック	セガサミー HD の就活ハンドブック
コナミグループの就活ハンドブック	タカラトミーの就活ハンドブック
スクウェア・エニックス HD の就活ハンドブック	

▼会社別就活ハンドブックシリーズにつきましては，協同出版のホームページからもご注文ができます。詳細は下記のサイトでご確認下さい。

https://kyodo-s.jp/examination_company